Cultivando Alegria

O guia dos amantes das plantas para cultivar a felicidade (e as plantas)

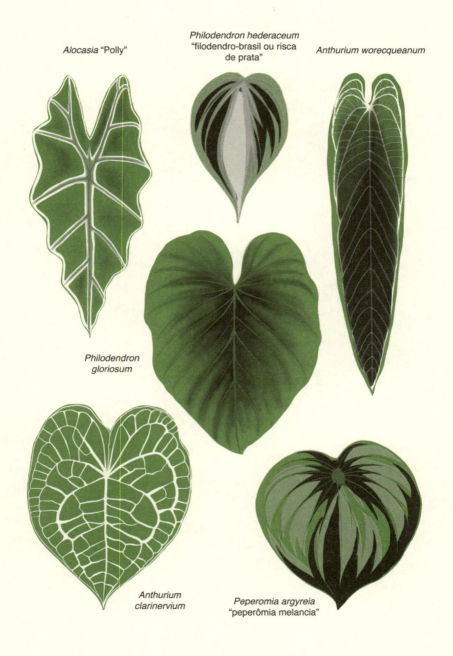

Cultivando Alegria

O guia dos amantes das plantas para
cultivar a felicidade (e as plantas)

Maria Failla
Ilustrado por Samantha Leung

TRADUÇÃO
Ricardo Giassetti

TÍTULO ORIGINAL *Growing joy: the plant lover's guide to cultivating happiness (and plants)*

© 2022 texto by Maria Failla
© 2022 ilustrações by Samantha Leung
Publicado em acordo com a St. Martin's Press.
Todos os direitos reservados.
© 2022 VR Editora S.A.

Latitude é o selo de aperfeiçoamento pessoal da VR Editora

DIREÇÃO EDITORIAL Marco Garcia
EDIÇÃO Marcia Alves
PREPARAÇÃO Laila Guilherme
REVISÃO Luciane H. Gomide
PROJETO GRÁFICO Steven Seighman
ILUSTRAÇÕES Samantha Leung
DIAGRAMAÇÃO Pamella Destefi

Dados Internacionais de Catalogação na Publicação (CIP)
(Câmara Brasileira do Livro, SP, Brasil)

Failla, Maria
Cultivando alegria: o guia dos amantes das plantas para cultivar a
felicidade (e as plantas) / Maria Failla; ilustrado por Samantha Leung;
tradução Ricardo Giassetti. – Cotia, SP: Latitude, 2022.

Título original: Growing joy: the plant lover's guide to cultivating
happiness (and plants).
ISBN 978-65-89275-31-2

1. Alegria 2. Autoconhecimento 3. Autocuidados de saúde
4. Felicidade 5. Jardinagem – Aspectos psicológicos 6. Jardinagem –
Uso terapêutico I. Leung, Samantha. II. Título.

22-128246	CDD-615.8515

Índices para catálogo sistemático:
1. Jardinagem: Uso terapêutico   615.8515
Eliete Marques da Silva – Bibliotecária – CRB-8/9380

Todos os direitos desta edição reservados à
VR EDITORA S.A.
Via das Magnólias, 327 – Sala 01 | Jardim Colibri
CEP 06713-270 | Cotia | SP
Tel.| Fax: (+55 11) 4702-9148
vreditoras.com.br | editoras@vreditoras.com.br

As informações contidas neste livro não se destinam a substituir conselhos médicos ou de
outro profissional da medicina ao leitor. Consulte sempre um médico para esclarecer questões
relacionadas à saúde — especialmente se tiver condições médicas preexistentes — e antes de
iniciar, interromper ou alterar a dose de qualquer medicamento que esteja tomando. Os leitores
são os únicos responsáveis por suas próprias decisões de cuidados com a saúde. O autor e a
editora não se responsabilizam por quaisquer efeitos adversos que as pessoas possam alegar ou
experimentar, direta ou indiretamente, com base nas informações contidas neste livro.

"Jardinagem:
bom para a mente,
bom para o seu
coração e bom para
a sua bunda."
— Minha mãe, Sandy Failla

Para a minha mãe, que me ensinou
a cultivar: na terra, na minha
cabeça e no meu coração.

Sumário

Nota da autora	9
Introdução	13
Como este livro funciona	19
1. Enraizado na rotina	23
2. A grande vastidão	43
3. Envolva seus sentidos	59
4. Plante sementes de deleite	87
5. Celebre os paralelos entre sua vida e a das suas plantas	100
6. Crie mais plantas, cultive mais alegria	115
7. O poder das flores	128
8. Plantas + A Casa	135
9. Conheça a si mesmo, floresça	151
10. O lado sombrio	163
11. Crescendo juntos	175
12. Cultive alegria. Cultive gentileza	189
Apêndice: Curso intensivo de assassino de plantas para pessoas-planta	197
Recursos e fontes para cultivar a curiosidade	218
Agradecimentos	223
Notas	227
Índice	233

Nota da autora

Nós acabamos de nos conhecer, mas já vou confessar uma coisa. Escrevi este livro sobre alegria em um período que me parecia ser o *menos* alegre da minha vida. Engraçado como são as coisas. Quando imaginei este livro pela primeira vez, eu tinha uma lista de ideias e práticas bem organizadas e embrulhadas com um lindo laço para você. Eu usava essas ferramentas há anos e sabia que minhas histórias e sugestões o ajudariam a se desconectar das telas, se reconectar consigo mesmo e a expandir sua mente com momentos de admiração, paz e prazer. As práticas sobre as quais falaremos nas próximas páginas fizeram exatamente isso por mim e por muitos dos membros da minha comunidade de plantas ao longo dos anos.

Mas então houve uma pequena reviravolta na história. Quando chegou a hora de eu realmente *escrever* este livro, minha vida meio que implodiu em meio à pandemia de coronavírus: perdi meu emprego, meu casamento foi adiado devido às ordens de distanciamento social, e, em razão de uma série de eventos inesperados, meu parceiro e eu tivemos de nos mudar três vezes em *um* ano, com um período de seis meses vivendo na casa dos meus pais — o fatídico sonho romântico para qualquer casal de noivos. Parecia que tudo o que eu tinha planejado havia virado de cabeça para baixo, e o medo, a incerteza e a perda consumiam tudo.

Meses depois desse período de transição, olhei para a minha coleção de plantas e notei que elas estavam com um aspecto terrível: folhas murchas, falta de água, implorando por luz. Vê-las tão infelizes me fez parar e perceber quanto eu me relacionava com elas. Em meio a mudanças, reviravoltas e lamentações, abandonei as belas práticas e rotinas que havia desenvolvido junto à minha coleção de plantas, que ficaram negligenciadas. Essa percepção me atingiu como um saco de duas toneladas de terra vegetal. E então uma percepção mais profunda se instalou: enquanto deixei minha rotina de cuidados com as plantas de lado, também deixei meus compromissos de terapia e treino irem por água abaixo. Eu tinha parado de me encontrar com amigos, e meu tempo nas telas estava nas alturas. Minhas plantas e eu precisávamos de sérios cuidados.

Naquele momento, eu sabia que era hora de apostar e seguir em frente na ideia de usar plantas não apenas como uma ferramenta de alegria e autodesenvolvimento, mas como uma tábua de salvação. Eu me comprometi a mexer com as plantas diariamente e reintroduzir essas estratégias testadas e comprovadas em minhas novas realidades de vida. Em última análise, essas práticas de cultivo de alegria foram testadas ao extremo pelos obstáculos da vida durante um dos períodos mais difíceis que eu já vivi.

Devagar, mas inexoravelmente, minhas plantas se animaram. Devagar, mas inexoravelmente, eu me senti em um processo de renovação ao lado delas. Durante o ano, uma verdade que eu sabia há algum tempo criou raízes mais profundas dentro de mim: cuidar de plantas é uma oportunidade de se autocuidar.

Cultivando Alegria não é propriamente sobre as plantas que cultivamos. É sobre os sentimentos que resultam ao observarmos a vida sob uma nova perspectiva. Não se trata *apenas* de celebrar um novo broto ou uma floração, mas também de honrar e confiar na hibernação e nas "folhas que perdemos ao longo da vida". Trata-se de celebrar os períodos pelos quais nossas plantas e nós mesmos passamos, e confiar que tudo é cíclico e tudo retornará quando for a hora. Quando fincamos raízes nessa perspectiva, tudo é possível.

Escrevi este livro sobre alegria não porque ela vem facilmente, mas

Nota da autora   11

porque tive momentos em que lutei para encontrá-la, e as plantas foram a resposta para minha busca. Como nossas plantas, a alegria tem altos e baixos, floresce e morre. Muda de forma, evolui; às vezes, é fácil de encontrar e, às vezes, é apenas uma miragem. Independentemente disso, todos nós precisamos de mais alegria em nossa vida. Não afirmo ter todas as respostas, mas *sei* que, se você estiver aberto a isso, tudo funcionará. Não importa em que estação da sua vida você esteja — se você está simplesmente procurando maneiras divertidas para animar seus dias, sugestões de como dar o próximo passo na paternidade vegetal ou talvez em busca de algo mais profundo — onde quer que você esteja, estou aqui para ajudá-lo a entender suas dores. Vamos fazer brotar um pouco de alegria juntos, uma folha de cada vez.

Introdução

Chegou a estação de brotar, meu amor

Passei os últimos anos berrando meus elogios às plantas, do alto das montanhas e de todos os microfones, e até montei um negócio para ajudar as pessoas a cuidar de suas plantas e cultivar mais alegria na vida delas. Mas adivinhe só: eu costumava ser uma *notória* assassina de plantas. Sim, você me ouviu bem. Eu, Maria, a autora deste livro, que tenho a vida dedicada a ajudar as pessoas a cuidar de plantas, tenho a mais longa ficha criminal de assassina de plantas entre quase todos que conheço. Nos meus dias de assassina de plantas, nenhuma delas estava segura em minha casa. Embora eu viesse de uma família de fazendeiros e jardineiros italianos incrivelmente talentosos, o gene parecia ter me ignorado.

O ciclo começava comigo trazendo para casa a planta mais bonita do supermercado, esperando que ela fizesse minha casa se parecer com uma foto do Instagram ou do Pinterest. Eu a tratava como mais uma peça de decoração sem vida e observava com culpa a pobre inocente morrer sua morte lenta e sem sentido. Depois da vigésima planta morta, desisti. Eu me rotulei de "assassina de plantas" e passei a optar apenas por ramalhetes de flores colhidas.

Eu também costumava dar pouca ou nenhuma atenção a mim mesma. Para sustentar minha carreira como atriz, eu fazia malabarismos com vários empregos de salário mínimo, me afundava em dietas, me cobrava para caber nos meus vestidos, e isso deixava muito pouco espaço para trabalhar o meu amor-próprio. Comparar minha conta bancária e minha carreira com as dos outros me distanciava de ter um relacionamento amoroso comigo mesma. O orgulho de como eu "corria atrás" e "batalhava" se sobrepôs ao meu orgulho próprio e a me contentar com o que eu tinha.

Resumindo: quando aprendi a cuidar de plantas, também aprendi a cuidar de mim. As plantas se tornaram minhas maiores professoras. Folhas de costela-de-adão firmemente enroladas me ensinaram a ter paciência. Elas levam dias para desenrolar suas tenras e brilhantes folhas verdes que eu queria ansiosamente abrir. As flores espontâneas da minha violeta-africana me ensinaram a arte da surpresa e do deleite. Meu jardim resiliente me mostrou como resistir a uma tempestade. Minha primeira planta *pothos* (gênero de plantas com flor pertencente à família Araceae, nativa das regiões tropicais e subtropicais do leste, sul e sudeste da Ásia, Austrália e várias ilhas do Índico e do Pacífico), que se recusava a morrer mesmo com os meus cuidados incorretos, me ensinava o perdão. Os girassóis de um metro e oitenta de altura da minha mãe me ensinaram a prática de florescer sem remorso.

Livros antigos sobre cuidados com plantas domésticas dos anos 1960, cheios de conselhos sábios, me conectaram com os mentores de uma geração que nunca vou conhecer.

O crescimento lento, consistente e quase imperceptível do meu filodendro-coração me inspirou esperança quando me senti presa e incapaz de tomar decisões. Os morangos na minha varanda me lembraram da importância da dormência e da perda, com a promessa de que haveria mais flores no ano seguinte. As sementes germinando e lançando seus bravos cotilédones encheram meu coração de expectativa e alegria.

Nos meus dias como assassina de plantas, eu dava pouco valor ou não entendia o fato de que as plantas eram coisas *vivas*. Eu não percebia que tínhamos muitas semelhanças. Essas plantas, como eu, tinham um DNA, milhares de células e a capacidade de respirar e de florescer. Mais importante: tinham uma vida frágil, como a minha, que seria perdida se não fosse cuidada.

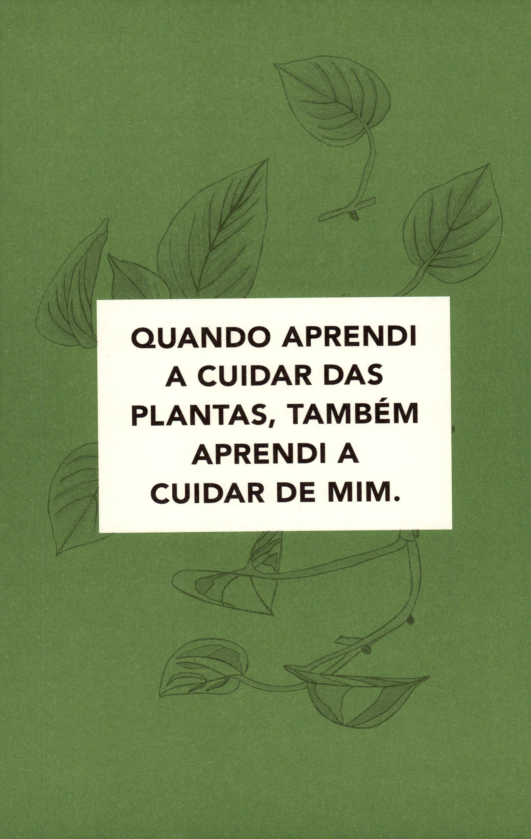

QUANDO APRENDI A CUIDAR DAS PLANTAS, TAMBÉM APRENDI A CUIDAR DE MIM.

Eu vejo esses meus "anos assassinos" como uma estação de dormência. Sem saber que havia uma lacuna, eu não conhecia a parte inata de mim mesma que ansiava por se conectar com a natureza da mesma forma que as gerações anteriores.

Aprender a cuidar das plantas me ajudou a reivindicar meu direito de estar conectada com a natureza e a me sentir totalmente viva — existindo com a terra, em vez de contra ela. As plantas me ajudaram a florescer em uma versão mais completa, mais vibrante e mais consciente de mim mesma. A alegria que eu recebi ao nutri-las me ajudou a ser mais atenciosa comigo mesma. Enquanto eu cuidava das minhas plantas, experimentei momentos de conexão, empoderamento e alegria que eu nunca desconfiei que existiam.

Neste livro, compartilharei com você as práticas simples e as histórias da jornada que me transformaram em uma "dama das plantas", na esperança de que você também seja despertado e desenvolva um relacionamento duradouro com elas. As plantas o deixarão curioso, e o farão alegre e próspero.

Chegou a estação de brotar, meu amor.

70% AUTOCUIDADO

20% CUIDADOS COM AS PLANTAS

+ 10% HISTÓRIA

100% DE TROCADILHOS COM PLANTAS

(A ÚNICA MATEMÁTICA QUE VAMOS FAZER JUNTOS)

Como este livro funciona

Gosto de dizer que este livro é formado por uma *parte de autocuidado, uma parte de cuidados com as plantas, uma parte de memórias e, principalmente, trocadilhos com plantas*. À medida que viajarmos juntos nesta jornada, compartilharei um conjunto de práticas simples para aprofundar seu relacionamento com as plantas e consigo mesmo, além de uma parcela das experiências pessoais que as inspiraram.

Aqui não teremos nada de ciência de foguetes ou de conversa fiada, apenas práticas simples para esquecer o dia a dia e viver o presente de maneira mais conectada e focada. Vou ser sincera com você: algumas dessas práticas são bobas. Algumas podem parecer simples demais ou até bregas. Mantenha a mente aberta, tente tudo pelo menos uma vez e, depois, guarde o que funciona e deixe de lado o que não funciona. Estou nesta jornada com você, então vamos cultivar um pouco de alegria juntos e não nos levar muito a sério.

Coisas para trazer nesta viagem para semear alegria:

- coração e mente abertos
- um diário para reunir as instruções espalhadas por essas práticas
- uma planta ou duas (uma ou duas são suficientes; se você é um novato em plantas, não se precipite — comece devagar e, lenta e conscientemente, aumente sua coleção)

- uma janela de tempo ao longo do dia dedicada às práticas que você aprenderá neste livro. Pode ser tão pouco quanto cinco minutos. Discutiremos isso mais adiante, no Capítulo 1
- petiscos

Ao longo do livro, você encontrará seções chamadas "Cave mais fundo", que são convites para pensar em como as lições que vemos na natureza e no cuidado das plantas podem nos dar uma visão sobre nosso próprio crescimento e desenvolvimento. É assim que a mágica acontece de verdade; onde podemos ser mais conscientes na abordagem de nossa vida diária. Talvez eu seja um tanto poética sobre as minhas experiências, mas são as lições que *você* aprende que aumentarão a sua alegria. Tenha sempre seu diário por perto ou reserve algum tempo para retornar ao livro e explorar suas instruções e reflexões. Não julgue suas respostas; apenas deixe fluir as palavras e explore o que for aparecendo.

Portanto, este livro não ficará apenas tagarelando sobre como eu acho as plantas legais, mas teremos alguns conceitos interessantes e pesquisas sobre a conexão planta/pessoa. Não sou cientista, portanto, se você quiser dar uma de *nerd* e se aprofundar, temos fontes científicas extras no final do livro. Além disso, esses tópicos e conceitos *nerds* são *matadores* para impressionar e puxar papos em festas.

No final do livro você também encontrará meu "Curso intensivo de assassino de plantas para pessoas-planta". É uma visão geral dos conceitos básicos de cuidados com as plantas inspirados nos erros que cometi quando comecei a cuidar delas. Para os novatos, é um ótimo guia básico para ajudá--los a se sentir mais confiantes ao trazer novas amigas verdes para casa.

Este livro é realmente como um delicioso bufê: um pouco disso, um pouco daquilo, um pouco doce, um pouco salgado, tudo colocado na sua frente na esperança de que você encontre pelo menos alguma coisa para mordiscar e que o ilumine e o ajude a florescer.

Que tal cultivarmos um pouco de alegria?

Abra os olhos

Nos anos 1990, todas as comédias românticas tinham uma protagonista romântica feminina que era *nerd* e usava óculos, e o protagonista romântico masculino que nunca a "enxergava" até que ela tirasse os óculos, e, quando isso acontecia, de repente ele percebia que ela era linda e que ele estivera apaixonado por ela o tempo todo e eles viveram felizes para sempre. Lembra? Na história da minha vida, as plantas são as mulheres belas, inteligentes, vibrantes e multidimensionais, e eu era muito idiota para notar. Quando comecei a cuidar das plantas com sucesso e descobri as alegrias da maternidade vegetal, despertei com puro espanto para o fato de que as plantas são incríveis.

De uma hora para outra, eu não conseguia *parar* de enxergar as plantas. Tomei consciência das belas plantas domésticas à venda nas lojas que eu frequentava há anos, mas que me passavam despercebidas. Fiquei cativada pelas árvores da minha rua, maravilhada com sua resistência e sua capacidade de prosperar em pequenos quadrados de terra no meio da calçada de concreto. Eu passei por aquelas árvores por anos e nunca as notei! Era como se todas as plantas que eu nunca tinha notado tivessem tirado seus óculos e de repente estivessem bem na minha frente, esperando que eu finalmente abandonasse minha ignorância.

Há um nome para essa incapacidade de perceber as plantas ao nosso redor: cegueira vegetal.

Os botânicos James H. Wandersee e Elisabeth E. Schussler definem a cegueira vegetal como "a incapacidade de ver ou notar as plantas em seu próprio ambiente", levando à:

a. "incapacidade de reconhecer a importância das plantas na biosfera e nas questões humanas;

b. incapacidade de apreciar as características estéticas e biológicas únicas das formas de vida pertencentes ao reino vegetal; e

c. classificação equivocada e antropocêntrica das plantas como inferiores aos animais, levando à conclusão errônea de que não são dignas de consideração humana".[1]

Sem notarmos as plantas, não podemos valorizá-las. Se não podemos notar e apreciar as plantas em nosso escritório, em nosso quarteirão ou nas florestas e parques que nos cercam, como poderemos realmente apreciar e cuidar de nosso belo planeta?

A cegueira vegetal é um conceito poderoso que guiará nossa jornada em *Cultivando Alegria*, mas é importante reconhecer que a maneira como nos tornamos insensíveis às plantas e à natureza ao nosso redor não se compara nem diminui a experiência daqueles que experimentam a cegueira física. Em seu livro *Lessons from Plants* [Lições das plantas], Beronda Montgomery sugere o uso do termo "viés vegetal", que é como vamos nos referir a esse conceito daqui para a frente.

Wandersee e Schussler também falam sobre a importância de termos um "mentor vegetal", um guia "experiente e amigável" para ajudar a delinear o maravilhoso mundo das plantas e despertar os jovens para o viés vegetal. Já me disseram que eu tenho esse conhecimento. Também me disseram que sou amigável. Consigo falar sobre a minha obsessão por plantas e as lições que elas me ensinaram até eu ficar sem ar. Eu adoraria ajudar. Mas… "mentor vegetal" parece muita areia para mim, então vou ficar com o termo "amigo-planta".

Quer ser meu amigo-planta?

Enraizado na rotina

Há uma silenciosa revolução vegetal acontecendo nas casas ao redor do mundo todo. Pessoas de todos os tipos de vida, em todos os cantos do mundo, estão deixando as plantas e o ato de cuidar delas descascar suas camadas de ansiedade, superestímulo e falta de vontade de estar a sós com seus próprios pensamentos. Elas estão descobrindo que as plantas revelam momentos de inspiração, presença e alegria que vêm mudando seu modo de ver a vida.

Cuidar de plantas é trazer vida para dentro de casa; vê-las desabrochar diante de nossos olhos e ser parte de seus sucessos e fracassos é uma aula. Este é um *hobby* para toda a vida. Nossas plantas têm muito a compartilhar conosco, mas **temos de arranjar tempo para ouvi-las**. Criamos esse tempo por meio de uma rotina em torno de nossas práticas de cuidados com elas. Mas entenda a pegadinha: nossas rotinas de cuidar das plantas não são apenas para as nossas plantas. Esse tempo também é para nós, para nos desconectarmos das telas e da agitação da vida e encontrarmos um momento de conexão e reflexão.

Quando definimos e seguimos em frente com a vontade de nos vermos de determinada maneira, nós construímos confiança e nos sentimos empoderados. Configurar e estruturar uma rotina em torno de nossa prática de cuidados com as plantas nos ajuda a entrar em sintonia com o ritmo de seu crescimento e nos avisa quando algo pode não estar bem. Ver todo o ciclo de vida de uma flor ou de uma folha que se desenrola é uma prática de paciência e compromisso. A continuidade nos ajuda a aprofundar essa conexão com as plantas e cria espaço e tempo para nos abrirmos para as lições que elas estão prontas a nos ensinar.

Inicie uma rotina de cuidados com as plantas, vá até lá e se torne o melhor papai-planta — e de si mesmo.

Olhe para uma planta antes de olhar para uma tela

Se for para tirar alguma coisa deste livro, por favor, que seja isto: a prática simples e intencional criou mais tranquilidade e alegria na minha vida do que qualquer retiro caro de ioga ou aulas de ginástica que eu já fiz; ou qualquer livro de autoajuda que eu tenha lido (e eu li todos). É realmente simples assim: olhe para uma planta antes de olhar para uma tela ao acordar. Aliás, olhe para várias! Passe o máximo de tempo possível interagindo com suas plantas pela manhã antes de começar suas aventuras na tela.

Eu costumava adorar o "hack" de usar meu celular para acordar mais rápido de manhã, porque a luz azul da tela sacode o nosso cérebro de seu modo natural e mais lento de "ligar". Eu começava o meu dia essencialmente desistindo das minhas tarefas: permitindo que fatores externos como e-mails, mensagens de texto e fazer postagens e vídeos para as mídias sociais ditassem como seria o resto do meu dia. Era uma bela forma de me distrair dos meus próprios pensamentos quando eu não queria ficar sozinha com eles. Esse hábito aparentemente benigno me colocava em um estado reativo pelo resto do dia. Eu não tinha tempo para refletir sobre o que estava acontecendo, planejar o que eu queria realizar ou pensar em como eu queria aparecer para mim e para o mundo naquele dia.

Depois que iniciei meu jardim na varanda, as coisas mudaram. Comecei a encontrar extrema felicidade no tempo lento e delicioso que passava com minhas plantas. Sentada lá, com meu diário, eu sonhava com meus objetivos de longo prazo, escrevia minha lista de gratidão e apenas ficava sentava comigo mesma, analisando quais pensamentos surgiriam.

Olhar para uma planta antes de uma tela ao começar meu dia realmente criava um "tempo para mim", para ouvir minha voz interior e ter um pequeno diálogo com ela. Era a primeira vez em muito tempo (talvez nunca antes) que eu realmente ficava em paz comigo mesma e com os meus pensamentos. Eu finalmente me dei permissão para apenas limpar a mente e "ser". Essa prática me dava um momento de tranquilidade em meio à insanidade que é morar na cidade de Nova York.

Olhar para uma planta antes de olhar para uma tela — o que, no fundo, significa se envolver consigo mesmo antes de se envolver com o mundo — é como *vestir uma armadura e se preparar para o que der e vier ao longo do dia*. Passe algum tempo com as plantas antes de se perder na tecnologia, na sua agenda ou nos problemas das outras pessoas. É uma simples alteração que mudará sua vida.

Você consegue se proteger, amigo-planta?

Estratégias para olhar para uma planta antes de olhar para uma tela

Rompa sua rotina matinal com o celular

Cultivando Alegria é sobre recuperar o tempo consigo mesmo por meio do cuidado com as plantas, mas para recuperar essa conexão com nós mesmos devemos retrabalhar os hábitos que nos trouxeram ao estado entorpecido e desconectado em que estamos. Dar aquela espiada rápida na tela do celular pela manhã pode ser tão viciante quanto a primeira xícara de café do dia. Mas é hora de quebrar esse mau hábito e permitir que a magia se revele diante dos seus olhos.

Isso é mais fácil dizer do que fazer. Os *smartphones*, com seus alarmes, mensagens de texto, notificações, e-mails e aplicativos de mídia social, criaram em nós uma necessidade extremamente *difícil* de largar. Então, vamos definir algumas regras básicas para quebrar o hábito perigoso de deixar seu celular comandar sua vida:

- deixe o celular em outro cômodo ao ir dormir. Todas as noites eu digo ao meu Google Home para me acordar no dia seguinte, mas podemos dar um passo adiante e usar um despertador antiquado para aproveitar a sensação retrô de estarmos desconectados das mídias sem fio
- não responda aos e-mails de trabalho antes do início oficial do seu dia de trabalho
- decida um horário matinal inegociável antes do qual o telefone celular não será tocado
- use a opção "não perturbe" que a maioria dos celulares possui e defina janelas de tempo em que o telefone não interromperá sua programação de sono ou sua prática matinal

Seja gentil consigo mesmo, amigo-planta. É difícil nos separarmos de nossos celulares. Cultivar a consciência sobre esse hábito é o primeiro passo para criar espaço e se reconectar consigo mesmo. Você consegue.

Tenha uma ou duas plantas ao lado da cama

Não tem um espaço ao ar livre para um jardim tradicional? Tudo bem! Basta manter uma planta ou duas (ou dez) no seu quarto. Ao acordar, abra lentamente os olhos e simplesmente direcione seu foco para elas. Observe as folhas e a forma como a luz as ilumina. Deixe sua mente acordar lentamente do jeito que foi projetada pela natureza.

Respire. Observe quais pensamentos estão presentes.

Respire. Aproveite a ausência de pensamentos. Continue respirando conscientemente e não olhe para o seu celular, mesmo que você queira muito.

Eu tenho duas costelas-de-adão (*Monstera deliciosa*) bem ao lado da minha cama. As folhas em forma de coração caem sobre seus vasos e pairam sobre a cama. Quando acordo, parece que elas estão acenando para mim, me desejando um bom-dia. É adorável. Também enfileirei vasos nos peitoris da janela do meu quarto para que, quando me levantar, passe por várias outras plantas antes de chegar ao meu precioso café.

Aonde quer que seu trajeto normal o leve pela manhã — até a máquina de café, ao banheiro, janelas ou sofá —, encontre meios e modos de distribuir as plantas ao longo dele e se envolva com elas antes de começar a se concentrar na tecnologia. Não vai ser fácil no começo, mas vai valer a pena quando você se acostumar a estar consigo mesmo novamente.

Passe um tempo no jardim pela manhã (livre das telas)

Se você tem uma varanda ou um espaço externo, não perca tempo! Saia para o seu jardim logo cedo e deixe seu telefone lá dentro! Um jardim com hortaliças, tomates e vegetais (ou apenas um desses três) lhe dará muitas coisas para fazer antes de olhar para as telas pela manhã. Faça sua escolha: regar, capinar, podar, arrumar ou simplesmente apreciar a beleza das suas plantas. Dê uma olhada no capítulo "Envolva seus sentidos" e encontre diversas maneiras divitidas de interagir com elas. Ao começar seu dia no jardim, você voltará a sentir seus pés no chão e terá orgulho por já ter realizado algo — antes mesmo de abrir sua caixa de entrada.

Se você não tem espaço ao ar livre, sempre é possível cultivar uma ou duas pequenas mudas em uma janela onde o sol bate, montar um vaso hidropônico ou plantar sob luzes de cultivo para ambientes fechados. Veja a seção "Cultive sua própria comida" para saber mais.

Um resumo da minha rotina matinal como assassina de plantas

O suave som de címbalos flutua em meu subconsciente, ficando cada vez mais e mais alto. Procuro por meu celular, aperto "soneca" pela terceira vez e volto a dormir por mais oito minutos. Depois de uma hora inteira de sonecas (não me julgue), minha culpa finalmente me faz pegar o celular e desligar o alarme, apenas para começar outro hábito infeliz: rolar a tela. Deitada na cama, antes mesmo de meus pés tocarem o chão, eu já terei checado minhas mensagens do Instagram, rolado meu *feed* do Facebook e olhado meus e-mails. A luz azul da tela me ajuda a sair da névoa cerebral da manhã. Eu me arrasto para fora da cama e vou direto para a cafeteira.

Hora do café: meu telefone se torna o companheiro do meu café da manhã diário. Mais rolagem de tela enquanto espero impacientemente que meu Nespresso bombeie meu combustível. Outro e-mail, mais dez minutos gastos assistindo a um tutorial de maquiagem no YouTube, outros dez perdidos com um vídeo do canal *Say Yes to the Dress* [Diga sim ao vestido]. Caio fora do buraco sem fundo da mídia social e percebo que já gastei mais tempo do que deveria. É nessa hora que eu me transformo em um diabo-da-tasmânia humano e rodopio pelo meu apartamento para me preparar e sair correndo para a rua. Salto ansiosamente de compromisso em compromisso, perco o foco com telefonemas nas minhas curtas caminhadas até o metrô, me afundo em *podcasts* no meu trajeto ou memorizo falas para minha próxima audição.

Em um piscar de olhos, o dia acabou e estou deitava confortavelmente no sofá com meu parceiro, Billy, pronta para a próxima maratona na Netflix. Eu encerro o dia com um pouco de rolagem de tela no Instagram, já na cama, até que o ciclo de telas e compromissos recomece no dia seguinte.

Um resumo da minha rotina matinal como uma dona das plantas

O suave som de címbalos flutua em meu subconsciente, ficando cada vez mais e mais alto. Eu ainda aperto "soneca" na maioria dos dias, porque minha cama é aconchegante e o chão é feito de lava. Desligo o alarme e resisto triunfante à coceirinha de abrir algum aplicativo. Com sono, volto minha atenção para a costela-de-adão (*M. deliciosa*) que repousa ao meu lado na mesa de cabeceira. Respiro fundo algumas vezes e permito que meus olhos acordem lenta e naturalmente quando percebo que uma nova folha cresceu e está começando a se desenrolar.

Inspire: noto a beleza pré-histórica das folhas cor de esmeralda e seus buracos esparsos, um queijo suíço em uma única folha. Meus olhos se desviam do padrão dos buracos, para traçar lentamente o contorno em forma de coração da folha.

Expire: observo os raios de sol banhando toda a planta, noto as sombras que ela cria. Claro-escuro: a luz e a sombra dançam nas linhas tão delicadas. É um lembrete da luz e da escuridão que dançam dentro de mim. Lembro-me de virar o vaso da planta, para que todas as folhas tenham o direito de sua merecida parcela de sol.

Inspire: estendo o braço para limpar um pouco de poeira que se depositou na superfície da folha, revelando sua pele deliciosamente lisa, e paro um momento para notar as pequenas nervuras que perpassam a lâmina: um complexo viário de caminhos, de tamanhos variados, todos contribuindo para ajudar essa pequena planta a crescer e prosperar. Nunca pare de buscar sua luz, menina.

Expire: hora do café.

O café da manhã acontece, então, longe do meu sofá e do meu telefone, na minha pequena varanda. Por "pequena", quero dizer ridiculamente pequena. Muito pequena para servir para qualquer coisa, na verdade. Eu me empoleiro em uma almofada no batente da porta com minha caneca de café, cercada pela minha modesta coleção vegetal na varanda. Um manjericão firme, uma hortelã maluca, o orégano picante, a cebolinha fina e um lindo vaso de tomates me transportam para o jardim dos meus *nonni* — os meus avós. O sol acaricia minha pele enquanto a sinfonia de aromas me traz ao presente. Belisco uma folha de manjericão e noto quão potente o cheiro se torna enquanto eu gentilmente esmago a folha entre meus dedos.

Eu sinto certa vertigem depois de inspirar profundamente um revigorante alecrim, como se o cheiro fizesse cócegas no meu cérebro. Toda a minha atenção é absorvida por uma gota de orvalho que lentamente se acumula antes de rolar por uma folha de manjericão. É a paciência em pessoa. Ela não vai embora nem um segundo antes, nem fica um momento além de ser bem-vinda. "Qual será o meu próximo grande salto? Quando vou pingar?", eu me pergunto.

Pensamentos vêm e vão da minha mente:

Eu os saúdo,
Eu os libero,
Eu respiro.
Eu bebo meu café.
Espaço.
Paz.

É tudo perfeito e estranho.

Nesse momento tranquilo, cercada por luz natural e por esse conjunto exuberante de plantas, encontro o espaço entre as coisas. É um lugar sagrado: depois que eu acordo e antes que minha agenda dite meu dia. É um espaço para descascar expectativas, pressões, comparações e todas as outras influências da vida cotidiana. Um espaço para me fazer perguntas e me deixar respondê-las. Um espaço para me conhecer melhor.

Então começam os compromissos do dia. A rotina é a mesma, mas as sementes da paz plantadas naquele momento matinal no jardim afloram ao longo do meu dia. Minhas reuniões consecutivas não parecem tão esmagadoras. As viagens no metrô lotado são menos ansiosas. A maratona noturna na Netflix ainda acontece, porém termina mais cedo. Algo está diferente. Eu estou diferente: mais fundamentada, mais eu mesma.

No inverno, essa prática se move da minha pequena varanda para o meu pequeno apartamento e os peitoris das janelas, que são preenchidos com as formas e as cores convidativas da minha coleção de plantas domésticas. Nós nos visitamos todas as manhãs. Somos velhas amigas agora. Vai ou racha. Eu reservo tempo para fazer o *check-in*, comemorar seu crescimento desafiador, torcer por um tímido botão de flor que se abre, cuidar das folhas mortas e regar quando necessário. Meus sentimentos e minhas experiências com minha coleção de plantas são estranhamente semelhantes aos meus sentimentos e às minhas experiências na vida. Essas plantas se tornaram minhas confidentes, minhas guias verdes em minha jornada contínua para entender a mim mesma e ao mundo ao meu redor.

Crie uma rotina de cuidados com as plantas/autocuidado que funcione para você

Eu sei que nem todo mundo gosta de acordar cedo, e que nem todo mundo vai achar divertido acordar cedo para passar algum tempo ao lado das plantas — nem acordar cedo por qualquer outro motivo, aliás. Algumas pessoas vão querer me socar à mera sugestão de alguma prática matinal. Tudo bem. Parabéns a você por entender seus limites e gostos. O segredo para cultivar alegria é estabelecer uma rotina e mantê-la, a fim de colher os benefícios e a magia de observar o crescimento contínuo e de cuidar de uma coisa viva e mutável. Isso pode acontecer a qualquer hora do dia.

Se a ideia de criar uma rotina, independentemente da hora do dia, parece um pesadelo para você, engula o choro e experimente mesmo assim! Rotinas podem ser difíceis de criar, mas são essenciais. Lembre-se de que elas geram segurança, nos preparam para o sucesso como cuidadores de plantas e criam espaço para encontrarmos todo tipo de novos e alegres momentos que nos fazem querer jogar as roupas fora. A rotina que você cultiva passará de uma tarefa árdua para algo que você deseja, à medida que você viceja ao lado de suas plantas e permite mais paz e alegria em seu dia.

Defina um horário que pareça natural para você e simplesmente se comprometa a desligar o computador, deixando de lado sua lista mental de tarefas e o estresse cotidiano para se envolver com suas plantas. O importante é o tempo longe das telas. A frequência e a hora do dia podem ser diferentes para cada um. Nós demos a opção da manhã, mas relaxar e ficar com suas plantas após um dia de trabalho agitado também é uma ótima alternativa. Outros podem desfrutar de uma fuga ao meio-dia, para se afastar da mesa e do computador e se realinhar. Outros podem reservar um tempo aos domingos para se recolher, se conectar e se preparar para a próxima semana. O que quer que funcione para você, apenas siga em frente e cumpra. A hora do dia não importa, mas a frequência e a consistência, sim.

Aqui estão algumas sugestões de atividades para esse tempo sagrado:

- regue (mas *somente* quando suas plantas precisarem; verifique se é hora de regar colocando o dedo no solo, para sentir a umidade ao mesmo tempo que reserva um momento para estar presente e atento à sensação do solo na ponta dos dedos)
- limpe a poeira das folhas
- inspecione a parte inferior das folhas, a terra e os caules em busca de pragas e sinais de doenças
- reorganize e embeleze suas plantas de diferentes maneiras, de acordo com a sua casa com base no seu humor
- gire os vasos de plantas inclinados em direção à fonte de luz. Hormônios sensíveis à luz nas plantas fazem com que elas estiquem suas folhas nessa direção para coletar o máximo de luz possível para a fotossíntese. Essa atitude é chamada de *fototropismo*. Se a luz estiver muito fraca, especialmente em um dos lados da planta, ela pode se inclinar a ponto de tombar. Girar seus vasos permite que suas plantas permaneçam mais equilibradas e eretas. Consulte a seção "Entendendo a luz" na página 201, para obter mais informações sobre a fotossíntese
- remova todas as folhas amareladas ou escurecidas
- tente qualquer uma das práticas deste livro que atraiam seu interesse

Nota: Uma rotina de cuidados com as plantas *não é* a mesma coisa que uma rotina de rega. Muitos papais-planta iniciantes às vezes as regam demais, pelo desejo de se envolver com elas diariamente. É importante estruturar sua rotina de cuidados para que você interaja com suas plantas com frequência diária ou semanal, *mas* regue suas plantas apenas quando elas precisarem ser regadas.

Cave mais fundo

Pergunte a si mesmo durante sua rotina com as plantas

Há muitos paralelos entre plantas e pessoas se olharmos com atenção. Enquanto você incorpora essas práticas em sua rotina diária ou semanal, faça estas perguntas a si mesmo e veja o que acontece.

Rotina	Faça estas perguntas a si mesmo
Regar suas plantas (somente quando elas precisam!)	Eu estou bem hidratado hoje? Preciso de mais água? O que está me dando energia emocional neste exato momento?
Limpar a poeira das folhas	Quais áreas da minha vida estão se sentindo estagnadas e precisam de um pouco de "limpeza" metafórica? Reserve um momento para observar suas próprias emoções — quais sentimentos estão persistindo e você pode estar evitando?
Inspecionar os níveis de umidade no solo	Como você se sente em seu corpo neste momento? Do que você precisaria mais ou menos — dormir, comer, fazer exercícios?
Inspecionar a parte inferior das folhas, a terra e os caules em busca de pragas e sinais de doenças	Quais áreas da minha vida têm um elemento nocivo que eu preciso abordar? Qual melhoria nas rotinas e nos cuidados pessoais eu poderia explorar na minha vida?
Girar os vasos de plantas em direção à fonte de luz	Quais elementos positivos da minha vida eu posso aprimorar? O que me anima o suficiente neste momento a ponto de eu me concentrar na tarefa?
Remover todas as folhas amareladas ou escurecidas	O que não está me servindo mais? O que posso podar?

Cultivando gratidão

Escrever todos os dias três coisas pelas quais você é grato é uma maneira fácil e leve de se presentear com uma perspectiva imediata e um impulso de confiança na vida incrível que você tem, mas que pode não estar reconhecendo. É muito fácil se deixar levar pelas forças negativas do estresse do dia a dia. Essa prática simples ajuda você a "ver as árvores da floresta", distanciando-o dos detalhes diários e dando-lhe um prazer maior por sua vida incrível e inspiradora.

Com bastante frequência, achamos que muitos dos belos presentes da vida são uma obrigação dela mesma: o teto sobre nossa cabeça, nosso companheiro, nossa saúde, nossa família e até mesmo o simples braço da cadeira em que estamos sentados. Você está vivo e com ar nos seus pulmões — isso não é incrível?! Demonstrar gratidão pelas coisas aparentemente sem importância em seu dia é uma prática maravilhosa para renovar a sensação de quanto a vida que temos para viver é incrível.

Cave mais fundo

Escolha um momento tranquilo, sente-se com suas plantas e escreva uma lista de gratidão em seu diário; ou faça isso mentalmente, como em uma meditação, enquanto você visita suas plantas. É uma bela maneira de começar ou reiniciar o seu dia e será um gerador instantâneo de alegria.

Aqui estão algumas sugestões de entradas de diário que o ajudarão a florescer mais:

- O que está lhe dando alegria agora?
- Em quais áreas da sua vida você se sente mais confiante?
- O que você mais quer quando acorda de manhã ou quando começa uma nova semana?

Enraizado na rotina   37

- A quem você é grato? Respire fundo e envie a essas pessoas suas vibrações positivas e amorosas.
- Quais são as três coisas pelas quais você é mais grato hoje?
- Que dificuldade você teve no passado e pela qual agora você agradece?

Cultive a gratidão. Cultive a felicidade. Cultive uma vida plena, exuberante e abundante, linda como uma planta digna de ser fotografada.

Estresse: o assassino da alegria

Sentindo-se desequilibrado? Pode ter algo a ver com o seu sistema nervoso autônomo (SNA). Os sistemas nervoso simpático e parassimpático eram coisas sobre as quais eu lia e ouvia muito nos livros de autoajuda e nos retiros de bem-estar de que participava, mas nunca entendia muito bem o que significavam. Então aqui está o resumo: o SNA é a parte do nosso sistema nervoso responsável pelas funções em nosso corpo que acontecem naturalmente, como respiração, digestão, função dos órgãos e reflexos. Ele é dividido em dois ramos dos quais você provavelmente já ouviu falar: os sistemas nervosos simpático e parassimpático. As respostas desencadeadas por esses sistemas são complementares entre si e trabalham lado a lado em harmonia para nos manter equilibrados e felizes.

A resposta do sistema nervoso simpático é apelidada de "lutar ou fugir" e garante a nossa sobrevivência. Quando isso acontece, nossa adrenalina e nossa circulação aumentam, nosso estado de alerta se amplifica, nosso olfato se aguça e nossa digestão diminui para enviar sangue e recursos para o nosso cérebro e extremidades, a fim de nos preparar para lutar ou fugir. Trata-se basicamente do nosso kit de sobrevivência para enfrentar uma situação perigosa, como topar com um urso ou uma ameaça semelhante, e dar o fora de lá. Esta é uma resposta de sobrevivência necessária, e devemos ser extremamente gratos por isso.

A resposta parassimpática faz o oposto. Apelidada de "parar e reiniciar", "descansar e digerir" ou "alimentar e reproduzir", ajuda a desacelerar as coisas, diminui nossa frequência cardíaca, aumenta o fluxo sanguíneo para os nossos órgãos reprodutores e o sistema digestivo e ajuda no relaxamento e na restauração. É o que nos acalma depois da sensação de "lutar ou fugir" que todos experimentamos quando percebemos que perdemos um prazo no trabalho ou quando nos encontramos sozinhos em um vagão do metrô à meia-noite.

Mas o problema é que esses dois sistemas devem trabalhar juntos, dentro do SNA, para regular nosso corpo, nossas emoções e nosso bem-estar. Infelizmente a vida moderna, com todo o seu tráfego, problemas com dinheiro, notícias 24 horas por dia, uma interminável caixa de entrada de e-mails e a mentalidade geral de "vamos, vamos, vamos", pode nos colocar em uma situação crônica de "lutar ou fugir" e nos permite pouco descanso e tempo para parar e reiniciar. Esse desequilíbrio pode nos deixar com a sensação de esgotamento, burnout e depressão — o que não parece ser uma boa ideia para ninguém.

Como vivemos nesse modo de alta ansiedade, de "lutar ou fugir", com mais frequência nos dias de hoje, é importante entender e reconhecer o desequilíbrio e trabalhar para encontrar maneiras de incorporar mais atividades parassimpáticas, descansar e reiniciar nosso corpo.

Quando precisar de um momento para parar e reiniciar, tente "dar um tempo" com suas plantas.

Dê um tempo e tenha um momento meditativo com as plantas

Eu tenho uma relação de amor e ódio com a meditação. Já tive temporadas em que eu era uma defensora da meditação, cultuava gurus e ansiava pela minha prática todos os dias. E há outras épocas da minha vida em que eu não consigo ficar parada e limpar minha mente, mesmo que alguém me pague para isso. A ideia formal que se tem sobre a "meditação" — ficar sentado, quieto e permitir a ausência de pensamento — pode ser um objetivo quase impossível para nosso cérebro ocupado e superestimulado. Quando descobri meu jardim de hortaliças e minha coleção de plantas, a tranquilidade se tornou muito mais fácil de ser atingida. O silêncio se tornou mais agradável. As plantas são uma maneira discreta de praticar a atenção plena sem a formalidade intimidadora da meditação tradicional.

Nessa prática, o único objetivo é a tranquilidade e o silêncio. Se você associa meditação apenas com o ato de sentar de pernas cruzadas em uma almofada enquanto entoa um mantra, pare agora. Quando "damos um tempo com as plantas", estamos apenas buscando limpar a mente, ou pelo menos acalmá-la. Não estou pedindo que você se torne o Dalai Lama, mas só que tenha coragem de se afastar da distração e se entregar a si mesmo.

Vamos buscar um pouco de clareza e tranquilidade, que tal? O objetivo é ficar com suas plantas e se manter parado e em silêncio por cinco minutos. Quando estiver se sentindo confortável depois de cinco minutos, você pode treinar aumentando esse tempo, mas não vamos nos apressar. Cinco minutos. É simples assim. E você consegue.

FAÇA SEU MANTRA COM AS PLANTAS

Enraizado na rotina   41

Momentos maravilhosos para dar um tempo de 5 minutos:

- ao acordar de manhã, antes de olhar para uma tela (meu jeito favorito)
- no meio de uma longa jornada de trabalho, quando seus olhos e seu cérebro precisarem de uma pausa
- sempre que você se perceber prestes a cair em uma espiral de preocupações
- antes de alguma reunião importante para a qual você quer se concentrar
- antes de dormir, como forma de acalmar sua mente

Passos para desfrutar de um momento meditativo com suas plantas:

1. Caminhe até a sua planta favorita ou a posicione estrategicamente em sua linha de visão no local onde você dorme, trabalha ou toma o café pela manhã.
2. Coloque a mão sobre o umbigo por um momento e concentre sua atenção no movimento da sua respiração. Inspire e expire lentamente. Ouça o ar passar pelo nariz e pela garganta. Feche os olhos, interiorize-se e fique em silêncio consigo mesmo por três ciclos de respiração. *Inspire, 2, 3, 4. Prenda, 2, 3, 4. Expire, 2, 3, 4. Prenda, 2, 3, 4.*
3. Olhe para sua planta e deixe sua mente vagar. Escolha e medite sobre uma destas sugestões, aquela que tiver mais apelo para você no momento:
   - observe a forma das folhas e os padrões das nervuras que elas têm;
   - observe como as folhas crescem a partir do caule:

quais são seus padrões? Crescem em pequenos grupos? Todas ficam do mesmo lado do caule ou em padrões diferentes?

- desenhe as formas das folhas com os dedos
- observe e sinta a textura das folhas: felpudas? lisas? enceradas?
- observe como a luz interage com uma folha. Ela ilumina a folha e é refletida por sua superfície brilhante? Ela projeta sombras em algumas folhas e não em outras? Ela passa através da folha?
- se você estiver sentado embaixo de uma planta, olhe para cima em direção à luz e veja a planta desse ângulo. (Você também pode simplesmente pegar uma planta e segurá-la contra uma fonte de luz.) Observe como a cor, as nervuras e os padrões parecem diferentes quando vistos de baixo
- procure por um novo broto. Há novos botões ou folhas se abrindo? Ver uma nova folha se desenrolar ou uma flor desabrochar ao longo da semana é uma oportunidade excelente para praticar a paciência e se deleitar com a expectativa

Tire os cinco minutos com suas plantas como parte de sua rotina diária e use essa prática simples sempre que desejar olhar para si mesmo, respirar, pausar e reiniciar.

Insira esses bocados de tranquilidade ao longo do dia para dar a si mesmo pausas restauradoras. São momentos doces e pacíficos que o trarão de volta a si e plantarão sementes de quietude em sua alma que germinarão ao longo do dia.

A grande vastidão

Chegou a hora de falar de alguns fatos concretos, duros e assustadores. Por exemplo, o norte-americano passa cerca de 90% do tempo em ambientes fechados.[1] Sim, você leu essa estatística corretamente: passamos a maior parte de nossa vida em ambientes fechados, desconectados do ambiente natural de onde evoluímos, respirando ar empoeirado, vidrados em telas, sentados em sofás. Como foi que a nossa sociedade se distanciou tanto das gerações anteriores que diziam "vá brincar lá fora e não volte até o pôr do sol"? A parte mais assustadora desses dados é que essa estatística foi publicada *antes* do aumento de popularidade de Netflix, Call of Duty, TikTok e, bem, da internet toda, o que nos levou a ficar ainda mais tempo enclausurados dentro de portas e janelas.

Olha, me sinto tão culpada quanto você. Já tive momentos em que percebi que estava dentro de casa há quarenta e oito horas graças às conveniências modernas dos *deliveries*, conferências no Zoom e compras na Amazon. É muito fácil fazer parte dessa estatística. Mas também é importante entender o problema, perceber a ladeira pela qual descemos quando entramos em um *feed* de mídia social ou em uma maratona na Netflix (outras vez... culpada) e intervir ativamente contra isso dando uma caminhada diária ao ar livre ou passar meia hora com suas plantas e seus pensamentos íntimos.

Não fomos projetados para passar tanto tempo olhando para telas e bisbilhotando nos mundos com curadoria de outras pessoas. Embora o vício das telas ainda não seja um distúrbio diagnosticado, trata-se de um problema óbvio para muitos que não se recordam de uma época em que o acesso à internet não existia. Nossa incapacidade de adaptação aos rápidos avanços tecnológicos já ganhou até um nome: *technostress*.[2] Não é necessário um milhão de estudos científicos para entender que mais tempo de tela + agenda lotada + vício em mídia social = ansiedade e diminuição do bem-estar. Tenho certeza de que você já experimentou isso em seu próprio corpo em algum momento — e é hora de mudar.

Eu sei que isso tudo parece muito chato, mas há boas notícias: estudos também estão provando que a exposição à natureza pode fazer uma infinidade de coisas incríveis em nosso corpo e para o nosso bem-estar, como aumentar nossa capacidade de empatia, generosidade e confiança,[3] ajudar pacientes hospitalares a se recuperar mais rapidamente[4] e a usar menos analgésicos, e até os deixar felizes. A mera presença de árvores em áreas urbanas pode diminuir as taxas de depressão[5] e melhorar nossa sensação de bem-estar. Um estudo mostrou que estar perto da natureza pode nos fazer tão bem quanto receber um aumento de 10 mil dólares.[6] Outro estudo mostrou que o contato com a natureza reduz os níveis de cortisol (hormônio do estresse) em 12% e diminui a atividade nervosa simpática (lutar ou fugir) em 7%.[7] Quem não quer esses benefícios fantásticos em sua vida?!

É hora de nos reconectarmos com a natureza, seja ela "a coisa real" ao ar livre, seja uma selva interna que criamos e cultivamos no conforto de nossa casa. Um cordão invisível nos liga ao mundo natural ao nosso redor. *Nós só temos de esticá-lo um pouco para nos lembrarmos.*

Teoria da Restauração da Atenção

A Teoria da Restauração da Atenção (ART, da sigla em inglês), iniciada pelo casal de médicos dr. Stephen e dra. Rachel Kaplan, é um conceito que eu adoro. Ela demonstra a importância de nos cercarmos da natureza. Mas, antes de mergulharmos nisso, preciso lembrar a todos de que isso é uma *teoria*. É uma ideia interessante para explorar em sua jornada de reconexão com a natureza e consigo mesmo. Então, escolha o que quiser para si, deixe o resto de lado e continue lendo e se aprofundando.

A ART trata de dois tipos de atenção: a direcionada e a involuntária. Ambas são cruciais para nossa sobrevivência. A *atenção direcionada* tem tudo a ver com foco. É voluntária, requer esforço e é superimportante para concluirmos tarefas cruciais e no aprendizado. A atenção direcionada bloqueia estímulos externos para que a pessoa se concentre no que está fazendo, o que é essencial para sermos mais eficazes e úteis.

Mas há um lado negativo: muita atenção direcionada, repetitiva e forçada, pode ser desgastante. Ela não é sustentável e pode causar fadiga. Sabe quando você trabalha muito duro em um projeto por um longo período de tempo e no final se sente "mentalmente exausto"?[8] Isso pode ser resultado de excesso de atenção direcionada ao trabalho.

O segundo tipo de atenção, a *atenção involuntária*, também conhecida como "fascinação", não exige esforço e é sustentável. Ela requer um ambiente estimulante para que a pessoa se envolva naturalmente, como observar as nuvens que passam no céu, ouvir o farfalhar das folhas ou caminhar por uma floresta — não é necessário se concentrar diretamente em nada, mas simplesmente observar o ambiente em volta. Os Kaplan dizem que a atenção involuntária em um ambiente restaurador pode nos ajudar na recuperação da fadiga provocada pelo excesso de atenção direcionada. Com todas as deliciosas distrações e oportunidades para usar a atenção direcionada hoje em dia, corremos o risco de ficar mentalmente fatigados se não encontrarmos e criarmos mais oportunidades para a doce e restauradora atenção involuntária que nosso corpo e nossa mente desejam.

Vamos nos aprofundar mais tarde em como usar os conceitos da ART em nossa casa, mas é interessante saber que vários estudos recentes mostram como a natureza pode curar a fadiga. Estar exposto a uma cena natural, mesmo que por apenas quarenta segundos,[9] pode ajudar nossa eficácia em tarefas que exigem atenção direcionada.

Mais e mais estudos estão sendo realizados e comprovam a importante relação entre a conexão com a natureza, nosso bem-estar e o bem maior do nosso planeta. Seja envolvendo-se com a natureza em uma escala maior como fazer trilhas, longas caminhadas ou acampar, ou em menor escala usando plantas domésticas para se desconectar intencionalmente das telas, cabe a nós descobrir qual é o melhor caminho para essa reconexão, seguir o que nos faz sentir bem e ficar maravilhados com o que vier disso.

Banho de floresta, também conhecido como "Vá dar uma volta"!

Eu adoro a maravilhosa arte japonesa do *Shinrin-yoku*! Em japonês, *shinrin* significa "floresta" e *yoku* significa "banho", então a arte do *Shinrin-yoku* é "absorver a floresta através dos seus sentidos", também conhecida como banhar seus sentidos em tudo o que a floresta tem a oferecer. Não estamos falando sobre correr no parque da cidade com fones de ouvido tocando seu *podcast* favorito enquanto você usa o Snapchat ao longo do caminho. Estamos falando *de tempo intencional e deliberadamente gasto na floresta*, apreciando as árvores e desacelerando a velocidade. É incrível — você precisa experimentar.

O banho de floresta faz parte da cultura japonesa e também integra programas nacionais de saúde desde 1982. Enquanto escrevo este livro, a Forest

Therapy Society oferece perfis de sessenta e três Bases de Terapia Florestal certificadas no Japão. Uma Base de Terapia Florestal é descrita como uma floresta "na qual os efeitos relaxantes foram observados com base em análises científicas conduzidas por um especialista em medicina florestal".[10]

É impossível falar sobre o banho de floresta sem mencionar o dr. Qing Li, presidente da Sociedade Japonesa de Medicina Florestal e meu *crush nerd* no mundo das plantas. O dr. Li é um dos pesquisadores mais destacados em Terapia Florestal, e seu livro *Forest Bathing* (*Banho de floresta*) mudou a maneira como vivo o meu dia a dia. Nele, o especialista compartilha estudos e mais estudos que comprovam que a Terapia Florestal é capaz de reduzir a pressão arterial e o estresse, melhorar a atividade cardiovascular e metabólica, diminuir os níveis de açúcar no sangue, aperfeiçoar a concentração e a memória, aliviar a depressão, melhorar os limiares de dor, intensificar a energia, estimular o sistema imunológico com um aumento nas células *natural killers* (*assassinas naturais*, também conhecidas como NK) em nosso corpo e ajudar a regular o peso.[11]

Você já se convenceu? Já está pronto para algumas noções básicas do banho de floresta?

Noções básicas do banho de floresta

- encontre a floresta ou parque mais próximo de você
- deixe celular, câmera, fones de ouvido e qualquer outra tecnologia em casa, ou pelo menos desligados no seu bolso
- vá caminhar. Diminua os passos e a respiração; permita-se parar e admirar o seu entorno. Não há destino — tudo se resume ao passeio
- esteja presente. Respire fundo
- envolva seus cinco sentidos: O que você vê? O que você ouve? Quais os aromas da floresta? Consegue saborear

A grande vastidão   49

o ar fresco? Toque nas folhas, sinta o solo com os dedos, coloque os pés descalços no rio. Siga seus instintos. Gosto de me aproximar de árvores diferentes, esfregar suas folhas e inalar seu cheiro

- observe quais sentimentos surgem. Saúde-os e então os liberte
- ao encontrar um bom lugar para sentar, vá em frente e acomode-se. Não se trata de atividade física, mas de estar presente na natureza e envolver seus cinco sentidos
- conte todos os diferentes sons da floresta que você conseguir ouvir. Quantos pássaros estão cantando? Ouve o som da correnteza de algum riacho? Curta o som inebriante das folhas farfalhando
- o dr. Li recomenda banhos de floresta de duas horas, se possível, mas os efeitos já podem ser sentidos em menos de vinte minutos

Tente transformar o banho de floresta em um hábito, e não apenas um evento único. Pode ser tão breve quanto fazer sua pausa para o almoço em um parque próximo algumas vezes por semana, ou tão extenso quanto ir acampar uma vez por mês.

Sinta as árvores com o máximo que sua capacidade permitir e faça isso repetidamente. Você não vai se arrepender.

Gigantes amigas

Nós, humanos, achamos que temos tudo planejado e que somos incríveis, mas não sabemos nada sobre as velhas sequoias (*Sequoia sempervirens*). Essas "sequoias eternas" são exemplos vivos do poder da comunidade e da adaptação. Tive a oportunidade de ver essas gigantes pessoalmente no parque estadual Henry Cowell Redwoods, na Califórnia. A árvore mais alta do parque tem 84,42 metros de altura, 4,57 metros de largura e cerca de mil e quinhentos anos de idade.

Entrar nesse parque é como entrar em outra dimensão. Enquanto eu caminhava do estacionamento ensolarado e quente para a escuridão fresca da floresta, pude sentir minha ansiedade cair junto com a temperatura. Ao entrar naquele oásis mágico, acho que eu esperava que uma pequena fada se aproximasse e se oferecesse para ser nossa guia. O tamanho absurdo das árvores chega a ser desorientador no início, tão dantesco que nos força a imaginar a escala temporal de toda a nossa vida. Olhando admirada para elas, percebi que aquelas árvores já estavam ali mais de mil anos antes de mim e ainda continuarão por muito tempo depois que eu me for. Elas incorporavam um poder silencioso e revigorante, profundamente pacífico. Na presença delas, eu me senti instintivamente mais alta e respirei mais fundo.

Você sabia que as sequoias têm taninos na casca que lhes conferem a cor vermelho-canela que ajudam a afastar insetos e até mesmo o fogo? Muitas deles sobreviveram a incêndios florestais. Mesmo depois de serem açoitadas pelas chamas, elas mantiveram sua estrutura e a capacidade de reconstruir seus tecidos com o passar do tempo. É isso que eu chamo de resiliência! As sequoias têm a capacidade única de cultivar novas árvores a partir de uma antiga base de tronco. Se uma sequoia é cortada, seu sistema radicular normalmente permanece vivo e pode ajudar uma família de novas árvores a crescer ao redor do seu antigo toco, nutrindo toda uma nova geração. É isso que eu chamo de generosidade! As raízes resilientes de uma árvore viva podem se

LIÇÕES APRENDIDAS COM AS SEQUOIAS

Mantenha-se altivo e orgulhoso.

O lento e constante vence a corrida.

Continue, mesmo depois que algo tentar te queimar. Você é mais resistente do que pensa.

Crie raízes fortes, compartilhe-as com aqueles ao seu redor.

Apoie os outros.

Ser tão único é o que o torna resiliente.

O silêncio é poderoso.

espalhar lateralmente por uma área tão larga quanto sua altura, crescendo ao redor e com as raízes de outras árvores e permitindo que todas elas se estabilizem e colaborem entre si.[12] É isso que eu chamo de trabalho em equipe!

Os padrões fractais

Padrões fractais são um dos segredos de design mais bem guardados da natureza. Existem muitas definições matemáticas interessantes sobre fractais, mas essencialmente um fractal é uma forma composta de versões em miniatura quase idênticas de si mesma. Richard Taylor, um pioneiro na pesquisa de fractais (nem vamos começar a falar sobre suas pesquisas que identificam fractais nas pinturas de Jackson Pollock. Procure saber, é incrível), explica a teoria assim: "Os fractais consistem em padrões que se repetem em escalas menores, gerando formas de imensa complexidade".

Da próxima vez que estiver ao ar livre, observe como o galho de uma árvore ou a folhagem de uma samambaia (*Polypodiophyta* spp.) é na verdade uma miniatura da árvore ou da samambaia como um todo. Depois de conhecer esse conceito, fui dar um passeio para me permitir uma oportunidade maior de atenção involuntária e de fascinação. Mas fui incapaz de dar mais de dois passos sem encarar com espanto todos os fractais que eu via para onde quer que eu olhasse. Um grande tronco se divide em dois, que se divide em quatro, depois se divide em oito, até o galho menor de todos. O padrão é muito simples de perto, mas na grande escala de uma árvore ele se torna impressionante.

Então, da próxima vez que você for passear ao ar livre ou sentar com sua coleção de plantas, deixe-se levar pela espiral de uma concha ou pelas nervuras de uma folha. Deleite-se com o delicado padrão de renda de um floco de neve ou com as deliciosas complexidades de uma folha de samambaia.[13] Seu cérebro e seu corpo vão agradecer por isso.

Uma dose de medicina florestal

A pandemia de covid-19 em 2020 foi ruim para a maioria das pessoas, e eu não fui uma exceção. Antes da minha vida como a sra. planta-podcaster, eu tinha uma carreira de uma década como atriz de teatro musical. Quando a covid chegou, eu estava me apresentando no show dos meus sonhos, no teatro dos meus sonhos em Nova York, quando os comandos de distanciamento social forçaram o fechamento do espetáculo três dias antes da noite de estreia. A indústria do teatro evaporou diante dos meus olhos, deixando os atores em estado de choque e imaginando de onde viria o próximo pagamento. Meu casamento totalmente planejado foi adiado, pois temíamos que os abraços e as danças pudessem de fato matar as pessoas que mais amávamos.

Além desses dois grandes contratempos, meu companheiro (na época meu noivo) e eu voltamos temporariamente a morar com meus pais por seis meses. Nosso período de noivado foi o oposto do que todas as revistas de noivas haviam me prometido. Eu fiquei bem confusa emocionalmente.

Olhei no espelho do meu quarto de infância e vi uma versão estilhaçada de mim mesma: exausta e cansada, dez quilos extras de estofamento protegiam meu corpo da insanidade que foi aquele ano e um espírito esgotado e capenga que havia apagado o brilho nos meus olhos.

O mais alarmante de tudo é que eu havia perdido completamente meu amor pela música e pelo canto. Quando se apagaram as luzes da Broadway, uma parte do meu coração também se apagou. Quando eu permitia que a música fluísse em meu corpo e na minha garganta, aquilo era apenas um lembrete doloroso do que eu havia perdido. Eu me sentia como um vaso sem furos de drenagem, como se a água despejada se acumulasse dentro de mim e ficasse estagnada, apodrecendo e gerando depressão e ansiedade.

Minha mãe, uma jardineira contumaz que acredita na natureza como terapia, sugeriu que eu começasse a caminhar pela floresta todas as manhãs. Eu havia lido recentemente o livro *Forest Bathing* do dr. Li, então decidi que era hora de colocar suas ideias em prática e dar início à minha recuperação emocional das pressões e transições do ano anterior.

Foi na repetição diária dessas caminhadas que comecei a entender realmente as qualidades medicinais de uma floresta. Há algo no "silêncio da floresta", que não tem nada silencioso e imediatamente relaxa a nossa alma. Nessas caminhadas, eu permitia que emoções surgissem e se libertassem: medo, ansiedade, desespero, desamparo — e suas consequências. Deixei todas elas, e muitas lágrimas, naquela floresta.

Percorrer o mesmo caminho tornou-se terapêutico por si só. Enquanto caminhava pela primavera, verão e outono daquele ano, eu observava a floresta crescer e evoluir diariamente. Todos os dias havia um novo animal, uma nova flor, uma nova folha para admirar, uma nova estação para perceber.

Certa vez, uma coruja voou bem acima da minha cabeça e se empoleirou em uma árvore. Ela iniciou uma competição de olhares comigo por dez minutos. Em outro dia, eu me agachei no meio da trilha por dez minutos para observar uma minhoca se arrastar pelo chão. Você já observou *de verdade* uma minhoca? Assistir às suas contorções é como ganhar um ingresso para o Circo Mãe Natureza.

Acabei me tornando amiga da família de gaios-azuis que me cumprimentava várias vezes por semana com sua música — ou melhor, guinchos. Muitas vezes eu me via parada no meio do caminho, hipnotizada pela colônia de lagartas penduradas em seus fios translúcidos, dançando no ar. Na floresta, meus problemas se dissipavam enquanto eu me perdia nas maravilhas do mundo natural.

Tivemos tempestades recordes naquele verão, e observei as árvores caírem e se decomporem para retornar ao solo. Olhando para seus corpos úmidos, avermelhados e em decomposição, eu contemplava seus ciclos de vida e sorria com a generosidade de seu retorno ao solo como o alimento que seus descendentes e brotos usariam para crescer. Depois de aprender sobre a "rede mundial de raízes" de fungos micorrízicos que conectam todas as árvores da floresta através de seus sistemas radiculares, eu não conseguia mais dar um passo sequer sem me perguntar quantos milhares de *autobahns* lotadas estavam fervilhando sob os meus pés.

Lentamente, à medida que ia dando cada passo no "silêncio" da floresta, reencontrei aquele canto adormecido em meu coração, e senti a primavera gentilmente me empurrar de volta à vida.

Dia após dia, a floresta me fazia voltar à vida. Depois de mais ou menos um mês de caminhadas, de repente senti uma fagulha interna de inspiração para cantar. Inicialmente, eu fazia um zumbido baixo enquanto andava e observava a floresta, imitando o canto dos pássaros ou me lembrando de suas músicas favoritas. Por fim, meus murmúrios se transformaram em versos, que se transformaram em canções em voz alta, com os pássaros das redondezas se juntando a mim com suas vozes de apoio. As caminhadas logo se tornaram mais do que uma maneira de lidar com a ansiedade e a depressão: elas se tornaram um porto seguro de leveza que eu não sentia há meses. As árvores e os pássaros não apenas abriram espaço para o meu sofrimento e a recuperação de uma temporada louca da minha vida, mas se tornaram meu público e meus colaboradores. Não fui à floresta para encontrar minha voz novamente, mas, nas horas que passei lá, minha voz me encontrou.

Essa é a magia da Terapia da Floresta: ela limpa o campo, abre espaço para nossa simples existência. Nesse estado de "ser", o peso da vida se eleva e encontramos nosso eu puro, nosso espírito, nossa voz interior — e às vezes, literalmente, nossa voz.

Uma coisa verde

Por mais que a gente precise da natureza, a natureza também precisa de nós. Os vasos de plantas que temos em casa são apenas uma pequena representação da flora e da fauna que tornam nosso planeta habitável. Conforme a Convenção do Comércio Internacional de Espécies Ameaçadas de Fauna e Flora Selvagens

(Convention on International Trade and Endangered Species of Wild Fauna and Flora — CITES), em 2021 havia mais de 38.700 espécies em suas três listas de espécies ameaçadas ou em vias de extinção. Dessas, 32.800 são espécies de plantas.[14] Isso representa 85% de toda a lista. Devemos acordar e considerar a importância das plantas e as coisas incríveis que elas fazem por nós e pelo nosso planeta. Em um âmbito planetário, elas absorvem dióxido de carbono, liberam ar para respirarmos, ajudam a purificar a água e, é claro, fornecem nossa comida. Em um âmbito pessoal, elas nos ajudam a encontrar quietude e consolo em nossos atribulados dias de trabalho, revelam a fragilidade e a beleza da vida e nos ensinam diversas lições de vida — mas só se formos receptivos o suficiente para notá-las e aprender com elas.

À medida que entendemos quão frágil é a natureza e começamos a colher os frutos de um relacionamento mais próximo com ela, nos questionamos como podemos proteger a beleza ao nosso redor. Qual é a mudança que podemos fazer em nossa vida para tornar o mundo um lugar mais verde e limpo? Escolha uma janela de tempo que pareça razoável — talvez uma vez por mês ou a cada três meses — e concentre-se em incorporar um hábito ecologicamente correto em sua vida.

Pode ser eliminar plásticos de uso único, avaliar a sustentabilidade de sua coleção de plantas ou comprar produtos produzidos localmente. Seja o que for, concentre-se em incorporar essa prática amiga em sua vida cotidiana. Quando ela se tornar parte do seu estilo de vida, adicione outro hábito amigo da terra. Lenta, mas constantemente, essa lista de mudanças ecológicas se integrará à sua vida sem que você sinta qualquer sobrecarga.

Envolva-se: encontre um grupo local apaixonado por fazer a diferença e junte-se a ele. Seja como voluntário em uma comunidade, seja em uma horta escolar, participando de uma limpeza do bairro ou da praia, ou ajudando na recuperação de árvores ou em projetos de plantio, você não se sentirá sozinho em seus esforços para ajudar o planeta. Voluntariar-se em grupos com ideias semelhantes ajudará a multiplicar sua contribuição e a conhecer novos amigos com ideias semelhantes.

Envolva seus sentidos

Quando trazemos uma planta para casa, iniciamos um relacionamento com ela. Observar suas plantas e aprender sobre suas necessidades por meio de tentativa, erro e experiência conduz a um diálogo contínuo entre você e suas amiguinhas verdes. Você começa a ouvir, a afinar seus sentidos para entender do que uma planta precisa. O cuidado com as plantas não é apenas um *hobby*, mas uma oportunidade para nos desenvolver e nos envolver com nossos sentidos em um nível mais profundo.

É muito fácil ignorar nossos dons de visão, olfato, paladar, audição e tato, pois os usamos automaticamente o tempo todo. Há diversas maneiras bonitas de enriquecer nosso relacionamento com o mundo natural e conosco mesmos simplesmente aguçando nossos sentidos. Como descrever as diferenças entre a textura de uma folha de filodendro-aveludado (*Philodendron micans*) e de uma folha de filodendro-brasil (*Philodendron hederaceum*)? Qual é o sabor de um tomate comprado no supermercado em comparação com um plantado em casa? Quais são os sons que compõem o "silêncio da floresta"? **Vamos cultivar um pouco de alegria, aprofundando nosso relacionamento com as plantas para além do horizonte.**

Visão

Aqui estão algumas práticas divertidas para você se manter presente, curioso e perceber o mundo verde à nossa volta.

Encontre o amor na forma de folhas

Você já notou que muitas folhas de plantas tropicais domésticas são em forma de coração? Costela-de-adão (*Monstera deliciosa*), filodendro-brasil (*Philodendrum hederaceum*) e corações emaranhados (*Ceropegia woodii*) são três das minhas plantas em forma de coração favoritas na minha coleção.

OUTRAS PLANTAS FANTÁSTICAS EM FORMA DE CORAÇÃO

- Hoya folha-de-coração (*Hoya kerrii*)
- *Philodendron gloriosum*
- *Cyclamen* (Cyclamen spp.)
- Antúrio (*anthurium andraeanum*)
- Samambaia-coração (*Hemionitis arifolia*)

Use suas plantas como um lembrete para cultivar constantemente sentimentos de amor dentro de você. **Mantenha plantas em forma de coração espalhadas pela casa e, toda vez que as vir, envie um pouco de amor para alguém ou algo em sua vida, incluindo você mesmo!**

Encha sua coleção com folhagens coloridas

O mundo das plantas de interiores vai muito além do pothos dourado comum (*Epipremnum aureum*) que lembramos da casa dos nossos avós. As plantas disponíveis atualmente vêm em todas as formas, tamanhos e cores.

Que tal levar uma planta com folhagem variegada ou colorida para casa para compor o conjunto de sua coleção? Além disso, quem é capaz de resistir a se apaixonar pela folhagem rosa de um *Philodendron* "Pink princess"? Mas lembre-se de que as plantas variegadas ou de cores vivas necessitam de diferentes cuidados, geralmente exigindo mais luz do que suas contrapartes não variegadas.

ALGUMAS PLANTAS COLORIDAS PARA EXPERIMENTAR EM CASA

- lambari (*Tradescantia zebrina*)
- trevo-roxo (*Oxalis triangularis*)
- nervuras (*Fittonia* spp.) vêm em muitas variedades diferentes com nervuras brancas, rosa ou vermelhas
- confete ou face-sardenta (*Hypoestes phyllostachya*) é semelhante às plantas com nervuras, mas pode crescer mais alta e com folhas maiores
- violetas-africanas (*Saintpaulia* spp.) vêm em uma infinidade de variedades com folhas variegadas e flores de todas as cores que se possa imaginar
- a *Calathea* e a *Maranta* são ambos gêneros com folhas de texturas lindas, e muitas espécies têm suas partes inferiores roxas
- crótons (*Codiaeum variegatum*) vêm em uma variedade colorida: verdes, amarelas, laranja e até rosa
- suculentas, se você tiver coragem, apresentam uma variedade de cores alucinante — até azul! Mas tenha certeza de que elas vão receber muito sol e longos períodos sem rega se quiser tê-las dentro de casa

Destaque sua planta do mês

Além de formas e cores de coração, as folhas têm uma incrível variedade de formas e tamanhos. Uma vez que começamos a cultivar nossas coleções de plantas, é fácil vê-las como um todo e se perder na beleza de cada uma delas. Uma ótima maneira de evitar esse erro é escolher uma planta do mês — é como escolher o funcionário do mês, mas na versão planta. Coloque sua planta em destaque em um local especial onde você a verá (apenas certifique--se de que ela ainda tenha a luz necessária), vista-a com um cachepô especial ou faça dela o ponto focal da sua decoração por algum tempo. Enquanto sua planta estiver "no palco", reserve um tempo para realmente notá-la. Cave um pouco mais fundo e pesquise suas origens e necessidades de cuidados, bem como os diferentes métodos de propagação que melhor se aplicam a ela.

Aprecie suas formas, as cores das folhas e do caule, os novos brotos ou suas folhas em estado de deterioração. Observe os padrões de crescimento dessas folhas: Elas se alternam ao longo da haste de um caule como no filodendro-brasil? A planta tem apenas uma folha por caule como a peperômia melancia (*Peperomia argyreia*)? Talvez as folhas venham em lindos trios, como em uma peperômia hope ou em um trevo-roxo (*Oxalis triangularis*). Celebre sua planta do mês, tenha curiosidade sobre ela e desenvolva a maior e mais profunda admiração por sua grandiosidade única.

Cheirar

De todos os nossos sentidos, o olfato é o mais poderoso e único, porque nosso nariz é um canal direto para a parte de nosso cérebro associada a memórias e emoções de longo prazo.[1] Quando na natureza, nos beneficiamos não apenas da visão, mas também dos efeitos relaxantes do aroma das árvores e plantas.

Curiosidade: a maioria dos cheiros que associamos às plantas — rosas perfumadas, grama recém-cortada, eucalipto revigorante — representa, na verdade, a forma como a planta se comunica consigo mesma e com o ambiente. Quem disse isso?! Bem, os cientistas descobriram. As plantas liberam COVs (compostos orgânicos voláteis) através de seu tecido epidérmico para afastar herbívoros, atrair polinizadores ou até mesmo se comunicar com outras partes de si ou outras plantas ao seu redor.

Outro fato curioso, mas triste: aquele cheiro de grama recém-cortada que todos conhecemos e amamos, na verdade, é um alerta das pobres pequenas folhas a suas outras amigas-lâminas: "Intruso! Estamos sendo atacados! Cuidado!". Coitadinhas.[2]

Agora que estabelecemos que os aromas das plantas são mais do que apenas algo divertido de escolher para nossa galeria de aromaterapia, vamos falar sobre alguns dos cheiros das plantas e seus curiosos efeitos no corpo humano — o que provará quão importante o perfume pode ser no cultivo de uma vida mais calma.

Os **fitoncidas** são os COVs emitidos pelas árvores (e por outras plantas) para se defender de visitantes indesejados, como fungos, insetos e bactérias. O dr. Qing Li (sim, o cientista mencionado anteriormente e pelo qual sou obcecada) descobriu que as pessoas de sua pesquisa que adormeciam com óleo de células-tronco do cipreste do tipo hinoki vaporizado no ar dormiam mais e apresentavam níveis reduzidos de hormônios do estresse. Outros estudos mostraram que a presença de fitoncidas pode melhorar o humor, diminuir a pressão arterial, suprimir a atividade nervosa simpática e aumentar a atividade nervosa parassimpática (as vibrações de "descansar e digerir" que tanto buscamos).

Geosmina: sabe aquele cheiro de terra, estranho e revigorante, lá fora depois que chove? Esse cheiro inebriante é o petricor, um efeito da geosmina, na forma de um composto secretado por bactérias encontradas no solo, que é liberado no ar após a chuva. Os seres humanos são muito sensíveis à presença da geosmina, provavelmente porque é um indicador da presença de água.

Uma caminhada revigorante pós-chuva

Realmente não há nada como o cheiro da terra depois de uma tempestade. Obrigada, geosmina! Da próxima vez que chover, dê um passeio (sem telas por perto) pelo seu quarteirão e respire profundamente. Não há nada como aquele doce silêncio pós-chuva e a rica fragrância da terra.

Respire fundo. Cultive a calma. Sorria. Mesmo que seja apenas por um breve momento, saia e realize essa prática que vai deixar você mais centrado e eliminará seu estresse diário.

Óleos essenciais

Embora muitos de nós adoraríamos ficar brincando em florestas e jardins o dia todo para colher os benefícios de inalar esses aromas fantásticos, infelizmente sabemos que isso não é realista. A maioria de nós está presa em um escritório ou a uma mesa. Isso não significa que não podemos "hackear" um jeito para aproveitar os benefícios dos cheiros de plantas! Apresento a você os óleos essenciais.

Quando se trata de escolher óleos essenciais, meu conselho geral é "Escolha aquele que faz você se sentir bem". A conexão cheiro/cérebro é muito pessoal, e essa prática nos ajuda a encontrar mais alegria e menos estresse na sua vida cotidiana, então... escolha vários óleos essenciais puros e de alta qualidade — e o difusor que melhor funciona para o seu espaço — e misture-os e combine-os até encontrar a fórmula perfeita.

Descobrir uma mistura de óleos que combine com seu humor é uma pequena rotina que podemos fazer no início do dia e que definirá o modo como você vai se apresentar pelo resto dele. Mantenha vários frascos de diferentes aromas ao lado de seu difusor e incorpore um "cientista maluco" por alguns momentos até encontrar a mistura do seu aroma ideal para o dia. Nos últimos meses, tenho estado bem viciada no óleo hinoki, mas recentemente tenho sido muito atraída pela lavanda. Não há resposta certa, e nada precisa permanecer sempre igual. Assim como sua coleção de plantas, sinta-se à vontade para brincar, mudar e aumentar sua coleção de aromas.

COMO DIFUNDIR ÓLEOS ESSENCIAIS

Existem várias maneiras de difundir os óleos essenciais em casa: através de um difusor tradicional (que requer uma pilha ou tomada de eletricidade), um difusor de palheta (onde os óleos encharcam uma palheta difusora ou bastões de bambu e se dispersam passivamente pelo cômodo) ou na forma de velas. Existem milhares de difusores de todos os preços e formas no mercado, então escolha aquele que mais se parece com você e experimente!

Cabe a você escolher quais óleos vegetais alegram mais o seu coração, mas, para ajudá-lo a começar, vou listar os óleos essenciais que mais gosto de difundir em minha casa:

- hinoki (*Chamaecyparis obstusa*) é o óleo que o dr. Li usou no estudo mencionado anteriormente. Tem um aroma inebriante de limão e madeira que eu gosto de usar durante todo o dia de trabalho
- lavanda (*Lavandula* spp.) é uma fragrância calmante que comprovadamente acalma qualquer mente ocupada e alivia o estresse e a ansiedade[3, 4]
- alecrim (*Salvia rosmarinus*), um dos meus favoritos, tem um aroma muito refrescante e estimulante
- eucalipto (*Eucalyptus globulus*) nos dá uma sensação imediata de estarmos em um *spa* em qualquer lugar de casa;
- cedro (*Cedrus atlantica*) é como um abraço amadeirado e caloroso

- óleo dos ladrões (*Thieves oil*) é uma mistura quente e picante de cravo, limão, canela, alecrim e eucalipto. Muitas pessoas usam esse óleo em soluções de limpeza caseira

Vale notar que os óleos essenciais não funcionam para todas as pessoas, pois somos diferentes uns dos outros. Algumas pessoas têm aversão intensa a cheiros, e o perfume dos óleos as incomoda. O mais importante, contudo, é que em alguns casos os óleos essenciais podem causar dermatite alérgica quando aplicados diretamente na pele. Consulte um médico se sentir que está tendo uma reação alérgica.

Introduza plantas com fragrâncias à sua coleção doméstica

Eleve sua paternidade vegetal a um nível mais alto, escolhendo plantas com base no aroma, além da aparência e dos requisitos de cuidado. Manter vasos de lavanda, ervas ou plantas como orquídeas e hoyas que têm flores bastante perfumadas vai lhe dar muitos momentos alegres. Aromas furtivos são dispensados por suas plantas ao longo do dia. Amasse uma folha ou uma flor e a inale por alguns segundos para ser transportado para um lugar esquecido em sua memória olfativa. Eu amo ter o manjericão dentro de casa, porque me lembra minha mãe. Conheça também algumas outras lindas plantas perfumadas para curtir. Lembre-se de que o cheiro é pessoal, então escolha aquele que o deixa feliz e verifique os guias de cuidados de suas plantas preferidas antes de levá-las para casa.

PLANTAS FABULOSAMENTE PERFUMADAS

- lavanda (*Lavandula* spp.)
- alecrim (*Salvia rosmarinus*)
- manjericão (*Ocimum basilicum*)

Envolva seus sentidos 69

- hortelã (*Mentha* spp.), minha favorita para acordar de manhã
- *Hoya lacunosa*, suas flores cheiram a canela
- *Hoya* sp. aff. *burtoniae* — diz-se que as flores cheiram a pipoca com manteiga
- *Hoya carnosa*, suas flores cheiram a chocolate
- *Maxillaria tenuifolia*, apelidada de "orquídea-coco" por suas flores perfumadas com cheiro de *piña colada* que fazem qualquer um sorrir
- gerânio com perfume de rosas (*Pelargonium graveolens*) — as plantas que amamos conhecidas como gerânios perfumados, na verdade, não são gerânios, mas sim *Pelargonium* spp. Elas vêm em muitas variedades de aromas, e grande parte de suas folhas pode ser usada na culinária ou adicionada aos banhos que acabam se parecendo com banhos de *spa*; basta aplicar fatias de pepino nos olhos e você vai se deliciar com um dia de princesa chique e de graça!
- jacinto (*Hyacinthus orientalis*) — nada é mais condizente com a primavera do que o doce perfume do jacinto

Longos deslocamentos? Faça brotar alegria no painel do seu carro

Minha mãe, uma jardineira contumaz e cultivadora de lavanda, corta maços frescos dessa planta e as coloca no painel do carro. À medida que o sol aquece a lavanda, ela espalha seu aroma relaxante por todo o carro e torna a viagem mais agradável, não importa quão longa seja.

Sons da floresta

O silêncio é um bem sagrado e escasso nos Estados Unidos. Existem muito poucos lugares que não são afetados pela poluição sonora. Quando eu morava em Nova York, tive a sorte de ser uma dorminhoca boa o suficiente para não ser acordada pelos carros em alta velocidade nas ruas próximas ou pelas equipes de construção e caminhões de lixo às 4 horas da manhã. Meu querido parceiro não tinha a mesma sorte e precisava dormir com protetores auriculares de espuma todas as noites. Quando nos mudamos para uma área de cinco acres no meio da floresta, o silêncio era ensurdecedor. Só entendi verdadeiramente o conceito de poluição sonora, e como estava acostumada com o "ruído branco" de Nova York, depois que experimentei sua ausência. Meu corpo e meu sistema nervoso estavam tão desacostumados a ficar no silêncio que isso acabou desencadeando uma forte ansiedade em mim.

Naquelas primeiras semanas em nossa nova casa, olhávamos um para o outro e nos maravilhávamos com o silêncio do lado de fora. Eu não conseguia parar de ouvir o vento forte farfalhando nas árvores e os belos trinados de soprano do canto dos pássaros locais. Quando comecei a relaxar do meu estilo de vida involuntariamente barulhento, lentamente senti todo o meu ser relaxar e abraçar um nível de calma que eu pensava ser possível apenas nas férias. Parecia que meu corpo inteiro estava mais relaxado, mesmo que eu nunca tivesse percebido quanto essa nova realidade era tensa no começo. Nós estávamos acostumamos ao ruído ambiente de carros, fábricas e construções, mas nosso sistema nervoso, definitivamente, não estava.[5]

Ninguém entende isso melhor do que Gordon Hempton , um ecologista acústico conhecido como "The Sound Tracker®" [O Caçador de Sons]. Ele viaja pelo mundo capturando paisagens sonoras naturais que estão desaparecendo e é conhecido por sua luta para preservar a paisagem sonora natural de "uma polegada quadrada" da Hoh Rain Forest no Olympic National Park, que Hempton descreveu como o lugar mais tranquilo do país. Hempton

> **TEMOS O DIREITO DE NASCENÇA DE OUVIR, SILENCIOSAMENTE E SEM PERTURBAÇÕES, O AMBIENTE NATURAL E OBTER TODOS OS SIGNIFICADOS QUE PODEMOS EXTRAIR DELE.**
>
> **—GORDON HEMPTON**

prevê que o silêncio natural pode ser extinto nos próximos dez anos, a menos que sejam tomadas medidas para preservá-lo.[6] Se você visitar onesquareinch. org, poderá ouvir uma gravação de quinze minutos da paisagem sonora natural. Ao apertar "play" e ouvir o som de água correndo e grilos fazendo cócegas em seus ouvidos, prepare-se para sentir um relaxante arrepio descendo por sua espinha como as corredeiras sobre as pedras do riacho.

Se você está em busca de um pouco de silêncio, visite o ponto exato da "uma polegada quadrada" no Olympic National Park. Ele é indicado por uma pedra vermelha em cima de um tronco coberto de musgo na localização Norte 48.12885°, Oeste 123.68234°, a 92 metros acima do nível do mar.

Se não podemos deixar o trânsito, o ronco das geladeiras, as lavadoras e secadoras ou as rotas de voo no mudo, podemos abafá-los com gravações de sons naturais. É nossa melhor opção e também uma maneira divertida de trazer o mundo exterior para dentro de casa.[7] Você pode encontrar gravações de paisagens sonoras naturais facilmente no Spotify, no YouTube ou no site de Gordon. Eu encontrei um vídeo de sons da natureza de oito horas no YouTube, e o ouço ao longo de todo o meu dia de trabalho. Quando a gravação termina, sei que a minha jornada de trabalho de oito horas acabou e que é hora de me desconectar do computador.

Os sons da floresta tropical foram o pano de fundo de todo o meu processo de escrita deste livro, e, pessoalmente, acho que sempre fico mais focada e produtiva ao ouvir sons de floresta e canto de pássaros, em comparação com o silêncio do escritório.

Ideias para incorporar paisagens sonoras naturais em casa

- se você mora em uma área preservada, abra as janelas e permita que as músicas da vida selvagem local entrem
- programe seu alarme para acordar com o canto dos pássaros em vez de um bipe intrusivo. Está comprovado

Envolva seus sentidos   73

que o canto dos pássaros reduz os níveis de cortisol no corpo[8] e é simplesmente delicioso
- use seus sons favoritos da natureza como trilha do seu dia de trabalho
- adicione um pequeno dispersor de água em sua mesa para apreciar o som da água corrente
- selecione *playlists* de música inspiradas na natureza enquanto prepara o jantar
- durma com sons que reproduzem a floresta tropical ou o oceano

Quando pensamos no quanto estamos desconectados do mundo natural, precisamos nos lembrar de que essa desconexão é tanto auditiva quanto visual. Então busque um pouco de "quietude" e ouça; abra seu mundo para o delicioso "silêncio da floresta" e para a resposta física e emocional que se desenvolverá.

Sinta suas plantas, experimente suas sensações

Na seção "Visão", falamos sobre como observar as formas e os padrões de crescimento de nossas plantas pode ser uma maneira fácil de entendê-las e apreciá-las melhor. O toque é outro sentido incrivelmente poderoso com o qual podemos nos envolver. Passe os olhos pela sua coleção e sinta suas plantas. A sensação do toque da *Monstera* sp. é quase similar ao do couro. A folha-peru[9] é muito diferente das folhas finas e delicadas em forma de renda de uma samambaia (*Adiantum raddianum*), que contrasta com a textura aveludada da folha de filodendro-aveludado (*P. micans*). Algumas plantas desenvolveram espinhos ou pontas para afastar predadores. Meu limoeiro me afasta toda vez que esbarro nele, perfurando minha pele com seus espinhos raivosos — um pequeno preço a pagar pela alegria de colher limões frescos para mojitos em plena sala de estar.

Sinta suas folhas. A experiência tátil o levará ao presente e, com sorte, despertará mais emoção enquanto você se maravilha com o peculiar design da Mãe Natureza.

Suje suas mãos

As pessoas-planta têm terra debaixo das unhas como um sinal de honra. Não há maneira melhor e mais visceral de se conectar com a natureza do que a boa e velha brincadeira de se sujar.

Use o dedo para monitorar os níveis de água nas plantas de casa. Em vez de simplesmente enfiar a mão na terra dos vasos e decidir imediatamente regar ou não, transforme isso em um momento de atenção plena. Observe a mudança de temperatura à medida que seu dedo cava o solo. A terra úmida tende a parecer mais fria ao toque do que a seca. Observe se a terra está compacta e quanta força é necessária para penetrá-la. Quando tirar o dedo da terra, esfregue-a entre os dedos e sinta o poder de esfoliação dos minúsculos grãos de areia.

Liberte as plantas de seus vasos

Replantar é uma das maneiras mais divertidas e táteis de nos sujarmos com nossas coleções de plantas. Dito isso, replante os vasos se elas *precisarem* ser replantadas. É necessário replantar quando a planta precisa de uma mistura renovada e fresca, um recipiente menor para combater o excesso de água e a deterioração das raízes ou, inversamente, se ficou "maior que o vaso", o que significa que a massa de raízes se tornou grande demais para o recipiente.

Algumas espécies podem precisar de replantio anualmente, enquanto outras ficam no mesmo vaso por mais tempo. Você notará que uma planta está maior que o vaso se as raízes estiverem crescendo para fora do orifício no fundo do vaso, quando ao retirá-la do vaso as raízes se mostram crescendo em círculos concêntricos umas sobre as outras na mesma forma do fundo do vaso, ou se a planta secar continuamente, mesmo com regas frequentes. Isso não é bom para a planta, pois as raízes precisam descansar no solo para poder absorver água e nutrientes.

Quando sua planta fica maior que o vaso, é preciso libertar essas raízes fazendo o transplante para um vaso maior. A melhor prática é escolher um vaso que seja cinco centímetros maior que o atual. Se você ainda é iniciante, tenha cuidado: muitos papais-planta principiantes colocam suas plantas em vasos grandes demais para o sistema radicular existente, o que pode levar ao apodrecimento das raízes e problemas com fungos. Portanto, nunca troque uma planta tropical de um vaso de 10 centímetros para um recipiente de 25 centímetros. Um de 15 centímetros deve ser uma evolução fantástica para o crescimento de sua amiga verde.

Antes de colocar sua planta em um novo vaso, é importante soltar as raízes com as mãos. A massa de raízes deve ser afrouxada do padrão apertado em que estão crescendo no momento. Se as raízes se quebrarem, não se preocupe! Isso fará com que elas cresçam ainda mais. Se você não tirar essas raízes do padrão em que estão crescendo, elas podem continuar a crescer dessa forma, mesmo em sua casa nova e mais espaçosa.

Sempre há exceções a essas regras: algumas espécies de plantas têm melhor desempenho quando estão um pouco "maiores" que o vaso. São espécies que não toleram excesso de umidade na zona das raízes, ou que precisam secar mais rápido entre as regas. Espécies epífitas como orquídeas ou bromélias em vasos também podem ficar bem quando parecem "maiores" que o vaso, pois normalmente não teriam seu sistema radicular totalmente cercado por solo ou outros meios de alimentação.

Cave mais fundo

Está se sentindo preso em alguma área da vida? Algum hábito ou padrão de crescimento está inibindo sua capacidade de florescer e prosperar? Ao fazer seus replantes, pense em como você também pode se libertar. Lembre-se de que quebrar velhos padrões gera um novo crescimento!

Domine o seu território

O aterramento é uma prática terapêutica que diz reconectar a energia elétrica do nosso corpo com a corrente elétrica natural da Terra. A superfície da Terra é um vasto suprimento de elétrons aos quais podemos nos conectar pela sola dos pés — mas os sapatos limitaram em muito essa transferência de energia. Como atualmente andar descalço não é uma prática comum, estamos desconectados dessa deliciosa fonte de energia e conexão com o mundo natural.

EXPERIMENTE O ATERRAMENTO

Em seu gramado ou em um parque, passe cinco minutos com os pés no chão e delicie-se com as cócegas da grama enquanto ela desliza entre os dedos dos seus pés. Visualize-se como uma árvore com raízes profundas na terra, fique de pé e de frente para o sol. Respire fundo e permita um momento inesquecível de conexão com a Terra e consigo mesmo.

Sabor: cultive a sua própria comida... e coma

Muitos de nós estamos desconectados da comida que comemos. Tenho certeza de que você conhece pelo menos uma pessoa que não saberia te dizer como os cajus crescem ou como é uma flor de berinjela ou quais hortaliças não nascem naquelas caixinhas de plástico da seção de hortaliças no supermercado. Cultivar sua própria comida, mesmo que seja apenas um canteiro de ervas, gera um sentimento muito poderoso. Paralelamente, engorda sua conta bancária com todo o dinheiro que você economiza com aqueles maços caros de manjericão murcho do mercado. Algumas das minhas memórias familiares mais queridas incluem colher tomates cultivados por mamãe com minha irmã e ver minha mãe sacudir uma abobrinha do tamanho de uma coxa de peru no ar, gritando de alegria com a enorme colheita. Ela então pegava aquelas flores de abobrinha, as polvilhava na farinha e as fritava em azeite, a exemplo dos meus primos italianos, para se sentir mais conectada a eles, mesmo estando a um oceano de distância.

As ervas foram a nossa droga de entrada para a paternidade vegetal. Minha jornada rumo ao posto de "Dama das Plantas Feliz" começou com um pequeno recipiente para plantar ervas na nossa varanda. Naquele verão, Billy pegou nosso manjericão e fez litros de um pesto tão delicioso que cheguei a comer aquilo com uma colher. Colher nirás (as cebolinhas chinesas) para temperar meus ovos do café da manhã tornou-se uma adição bem-vinda à minha vida. Nossas refeições se tornaram melhores com essas guarnições de ervas, e passamos a ter uma nova sensação de sermos senhores das refeições que estávamos fazendo porque éramos responsáveis por cultivar alguns dos nossos alimentos.

Para as pessoas que amam plantas tropicais domésticas, de crescimento mais lento, cultivar plantas de colheita também é uma maneira divertida de experimentar um ciclo de vida mais rápido. Em muitos casos, você pode ver uma planta passar da semente à colheita em poucos meses. Ao mesmo tempo, às vezes esperamos um ano para que uma folha de costela-de-adão apareça e se desenrole.

Descubra quais plantas você quer comer e cultive um pouco de alegria para o seu paladar — mas também para sua alma.

Conheça algumas maneiras de cultivar sua própria comida:

Jardim de ervas na varanda ou no peitoril da janela

- Escolha o local mais ensolarado da sua varanda, do seu quintal ou o parapeito da janela mais ensolarada que você tiver. As ervas precisam de seis a oito horas de luz solar direta. Se você não tiver luz direta em casa, pode complementá-la com uma luz de cultivo. Veja a seção sobre luzes de cultivo no final do livro.
- Selecione várias mudas saudáveis e livres de pragas entre suas ervas favoritas e coloque-as em vasos de barro com orifícios de drenagem ou lado a lado em um canteiro mais longo. Sempre mantenha a hortelã em um pote separado, porque ela é amigável demais.
- Use uma mistura de terra para vasos, não a terra do seu jardim. É preciso uma mistura que drene rapidamente e não deixe suas ervas com os "pés molhados". Por isso também é importante usar vasos com furos no fundo, para permitir que o excesso de água escoe.
- Quando suas ervas estiverem firmes e crescidas o suficiente, será a hora da colheita! Recomendo evitar colher mais de um terço da planta de cada vez. Se você notar que suas ervas

estão dando flores, retire-as para que a planta se concentre somente no crescimento de suas saborosas folhas.

- Se as plantas ficarem com caules longos (esticadas e tortas), isso significa que elas não estão recebendo luz suficiente. Apare-as em até 50% da altura para desencadear um novo crescimento lateral e mude-as para um local com mais sol ou luz de cultivo.

Jardim hidropônico

Se você não é fã de terra mas quer cultivar, a jardinagem hidropônica é uma ótima opção. A jardinagem hidropônica é o cultivo de plantas sem solo, usando apenas água com uma solução nutritiva ou um substrato inorgânico para suporte e uma bomba. Você cultiva suas plantas em almofadas feitas de material inorgânico como coco, vermiculita ou perlita. A planta obtém seu alimento absorvendo a solução de água rica em nutrientes.

Como nós controlamos os nutrientes e a iluminação ao cultivar hidroponicamente em ambientes fechados, temos um domínio muito maior sobre o que estamos cultivando. Se os nutrientes e a iluminação estiverem corretos, você pode cultivar deliciosas alfaces, ervas, morangos ou até tomates dentro de casa, independentemente da estação. A jardinagem hidropônica em grande escala não é fácil e requer muitas misturas de soluções nutritivas e ajustes das luzes de cultivo. Se você estiver curioso, sugiro começar com uma das muitas configurações hidropônicas "plug and play" do mercado; elas podem ser pequenas o suficiente para caber na pia da cozinha ou grandes como uma estante.

Estou em meados de janeiro enquanto escrevo este livro, e há meio metro de neve do lado de fora. Atualmente tenho um sistema hidropônico de um metro e meio de altura com luzes de cultivo que cultivam manjericão, salsa, orégano, tomilho, sálvia, coentro, violetas, espinafre, couve, brócolis, bok choy (acelga chinesa), alface tatsoi, vagem e dois tomateiros anões.

O sistema ocupa menos de dois metros quadrados. Eu o chamo de minha "Torre de comando da nave espacial do suco verde", e é muito legal. No meio do inverno, com neve e pouca luz em volta, eu consigo ver minhas ervilhas mudarem de raminhos para flores e minúsculas vagens, até serem um aperitivo saboroso. Eu colho os vegetais para o meu suco verde de todas as manhãs bem na sala de casa. É impossível ser um consumidor mais local do que isso!

Junte-se a uma horta comunitária

Se você mora em um centro urbano, procure onde fica a horta comunitária da vizinhança e reserve um espaço para não apenas cultivar comida saudável, mas também para cultivar uma conexão mais profunda com seus vizinhos. Eu nunca fiz parte de uma horta comunitária enquanto morei em Nova York, mas diariamente eu a procurava nas minhas caminhadas matinais. Esse jardim secreto estava escondido na orla de Long Island City e tinha oito canteiros cheios de lindas flores, ervas, tomates e hortaliças atrás de um portão. Eu visitava a horta todos os dias e passeava pelos canteiros para ver o que estava crescendo. Tive muitas conversas deliciosas com os donos daquele jardim sobre o que eles gostavam de cultivar e lhes pedia dicas para o meu modesto jardim na varanda de casa.

Quer saber como encontrar sua horta comunitária local? O Google é seu melhor amigo para isso. Digite seu CEP e "horta comunitária" e pesquise.

Compare o sabor caseiro com os produtos comprados em mercados

Embora a maioria dos jardineiros eleve a níveis poéticos a inacreditável diferença de sabor entre um tomate caseiro e um tomate comprado no mercado — uma diferença que é totalmente real, na verdade —, você pode fazer esse teste com quase qualquer planta comestível que queira cultivar. O manjericão embalado e comprado na loja começa a perder seu sabor e seu aroma sedutor imediatamente após ser colhido de sua planta-mãe. A alface Boston que cultivo em minha torre hidropônica é mais doce, crocante e tem um perfil de sabor mais complexo do que qualquer alface que já comprei no mercado. Quando provei a versão caseira, parecia que estava provando alface pela primeira vez!

Compare sua colheita caseira com opções compradas no supermercado ou faça um teste cego de sabor e veja se consegue perceber a diferença! Pense em seu pepino ou no seu alecrim caseiro como um bom vinho ou um chocolate saboroso e preste atenção ao comê-lo. Quais sabores você sente? A textura é diferente de sua contraparte comprada em um mercado? Como o sabor muda do começo ao fim — qual gosto vem primeiro e qual permanece até o final?

Cultive seu próprio jeito: uma aula do meu jardim de ervas

Um modesto jardim de ervas pode ser um grande professor. Além de nos inspirar a aprender receitas diferentes para impressionar nossos parceiros e amigos na mesa de jantar, se observarmos as ervas durante uma temporada de crescimento, também poderemos aprender algumas coisas sobre o *nosso próprio* crescimento. Minhas ervas favoritas para cultivar são: manjericão, sálvia, cebolinha, orégano, tomilho e hortelã. Eu as cultivo lado a lado em longos canteiros retangulares, com exceção da hortelã, que ganha seu próprio recipiente por causa da sua personalidade excessivamente entusiasmada. Ao longo da estação, observo todas as plantas, mas, embora elas prosperem juntas, se você olhar de perto o suficiente, notará que seus processos de crescimento são bastantes diferentes.

Conheça o Manjo, meu amigo lento, decidido e sensível. Manjo começa sendo esse pequenino carinha, que cresce bem devagar, milímetro a milímetro, até que se eleva sobre o resto dos seus companheiros. Ele é a estrela do jardim de ervas; quem não ama pesto feito em casa ou uma *chiffonade* de manjericão em cima de uma fatia de pizza? E nem vou falar do seu aroma — que é inebriante. Se houvesse um perfume feito de manjericão, eu usaria. Embora Manjo seja uma estrela, ele é definitivamente um gigante amigo — mas ele também pode ser um pouco dramático quando se trata de água e temperatura. Se estiver muito quente ou tiver passado muito tempo desde o seu último gole, ele terá um pequeno surto e murchará escandalosamente, em busca de atenção. Mas, com um pouco de carinho, ele se anima fielmente e continua a desenvolver um suprimento abundante de folhas deliciosas das quais eu nunca me canso.

Ao lado dele está a robusta Sábia. Ela também cresce centímetro a centímetro, mas de uma forma constante que a torna incrivelmente resistente. Não há traços de diva nela; ela é uma senhora do tipo sal da terra. Ela será a primeira a despertar e abrir suas folhas na primavera, e vai continuar a me surpreender sobrevivendo a frentes frias no outono e até mesmo aguentando um pouco de neve antes de voltar a dormir no inverno. Ela é mais quieta, e sabe que sua hora de brilhar é mais para o fim da estação, quando nos preparamos para refeições mais saborosas e saudáveis, e lida bem com isso. A sempre Sábia é uma *aula magna* em resiliência e paciência.

Tomé acredita na força dos números, com suas pequenas folhas caindo sobre o vaso — delicadas, perfumadas e incrivelmente versáteis. O Cebolinha não pede desculpas por sua aparência imponente e sem frescuras e seu sabor direto e reto que pode fazer voas sapatos voar.

E também há o bom e velho Hortelão, amigável e ligeiramente sensível ao toque. Hortelão é tão destemido e imprevisível que poderia dominar todo o jardim da varanda se eu deixasse. Eu mantenho Hortelão em um recipiente separado, pois conheço suas tendências gregárias, mas ele gosta tanto de companhia que em um verão, contra todas as probabilidades e

meios de separação, Hortelão acabou encontrando uma maneira de pular de seu recipiente circular solitário para o retangular com todos os seus amigos. Hortelão é selvagem e indomável, e você precisa conferir de vez em quando se ele continua sob controle; mas ele é um amigo com quem você pode contar para aparecer na sua festa, não importa o que aconteça.

Em cada estação específica, essas ervas deliciosamente perfumadas crescem e mantêm seus hábitos de crescimento diferentes. Elas brilham de forma única, e *nenhuma delas dá a mínima para o que as outras estão fazendo*. Isso é ou não é demais?

Eu penso nessas ervas e em seus diferentes estilos de cultivo quando vejo o jogo de comparações que fazemos com as pessoas à nossa volta. É tão fácil se comparar e se diferenciar dos outros, ou se sentir mal por sua falta de realizações. Perdi muitas horas da minha vida olhando para as fotos das outras pessoas nas redes sociais, suas realizações e suas falsas humildades que me faziam acreditar estar para trás e que nunca os alcançaria. É muito fácil se sentir inadequado quando deixamos que as mídias sociais, os líderes da classe ou membros de nossa família ditem como devemos viver nossa vida e qual é a definição de sucesso. Pense no tempo que perdemos obcecados pelas hipotéticas vitórias de fulano quando poderíamos estar usando esse tempo para realmente perseguir nossa própria criatividade e sucesso! É de doer.

Há espaço para todos, e cada indivíduo está em sua própria jornada de crescimento e desenvolvimento, assim como as minhas ervas. Você vai avançar, vai ficar para trás, será podado, enfrentará adversidades, terá vitórias para se gabar e também terá perdas para lamentar.

O segredo é que você está exatamente onde deveria estar, plantado em seu vaso de humanidade, quer você perceba isso ou não. Então, em vez de se estressar com quem está crescendo mais, quem tem mais perfume ou subindo mais alto, que tal comemorar exatamente onde você está enraizado neste momento? Seja gentil consigo mesmo como você é gentil com suas plantas. Confie que você está no caminho certo para crescer e florescer e (figurativamente) morrer quando for o momento certo. Sim, é preciso paciência e confiança, mas a espera não é a metade da diversão?

Cave mais fundo

Que erva você é?

Escolha sua erva favorita e imagine-se crescendo como as ervas da história acima. Então qual delas é você? Manjo, o lento e constante? Hortelão, o selvagem imprevisível? Sábia, a resiliente? Como você identificaria e celebraria seus próprios padrões de crescimento? Escolha uma e faça esse exercício. Curta essa brincadeira e deixe-se levar por ela.

Visualize suas raízes: pense em como você era e até onde já chegou.

Respire o reconhecimento das pessoas que o apoiam e o sustentam em sua vida como a terra que cerca suas raízes.

Imagine-se com suas folhas voltadas para o sol, crescendo e se expandindo, ocupando espaços. Você está exatamente onde deveria estar.

Aqui estão algumas dicas de registro no diário para você explorar:

- Em qual área da minha vida eu cresci neste(a) ano/semestre/semana?
- Com quem estou me comparando ou de quem tenho inveja? Como posso reformular o sucesso deles e torná-lo uma fonte de inspiração em vez de inveja? Como posso comemorar o crescimento dos outros?
- Na companhia de quem estou "plantado" e como eles me fazem sentir?
- No que eu quero me tornar quando florescer?

Respire fundo algumas vezes, olhe para o seu interior e celebre a si mesmo, minha pequena erva!

O SEGREDO
É QUE VOCÊ ESTÁ
EXATAMENTE
ONDE DEVERIA
ESTAR.

Plante sementes de deleite

Quando eu era criança, Jackie — minha melhor amiga — e eu brincávamos no quintal dela todos os dias. Nós tínhamos uma imaginação sem limites, e nossas aventuras chegavam muito além do alcance do endereço dos seus pais. Em um dia éramos exploradoras que escalavam o muro de pedras que cercava a propriedade, coletando cascas vazias de cigarras como "tesouros". No dia seguinte, éramos agentes do Serviço Secreto coletando informações sobre Mark, o garoto mais velho da casa ao lado, planejando uma guerra de balões de água contra ele para salvar o planeta. Tínhamos pouca consideração pelo que os garotos legais gostavam naquela época.

Na verdade, nós éramos muito estranhas. Jackie, apelidada de "Jackie Maluca", era uma atleta de nascença, moleca e com um espírito selvagem que tinha uma obsessão saudável por livros com histórias de fantasmas que metiam medo nas outras meninas da nossa classe. Eu, a fashionista à frente do tempo, usava calça boca de sino com estampa de oncinha azul e prendia minha franja rebelde na forma de um chifre de unicórnio — era como um rabo de cavalo na frente da minha cabeça, para manter os cabelos fora do meu rosto. Em retrospectiva, era prático, mas nunca se tornou uma tendência que as garotas populares copiassem.

Independentemente do que as outras crianças pensavam de nós, Jackie e eu nos achávamos incríveis. Seguíamos nossos instintos, aproveitávamos nossa imaginação, satisfazíamos nossa curiosidade e realmente deixávamos nossos estandartes de meninas esquisitas tremular juntos ao vento.

As melhores aventuras eram quando fazíamos banquetes para convidados imaginários com os materiais que encontrávamos no quintal dela: saladas de grama e bagas de azevinho, travessas de ramas de cebola selvagem e tortas de barro e qualquer outra coisa que estivesse "na época". Não tínhamos medo quando se tratava de envolver os cinco sentidos nas nossas brincadeiras, e não tínhamos nenhuma preocupação com as manchas de lama e capim com as quais nossas pobres mães teriam de lidar no final do dia. Peço desculpas por isso, mãe.

As plantas são as novas tortas de lama: são uma oportunidade de envolver todos os sentidos, aproveitar a maravilhosa experiência tátil da vida, reconectar-se à nossa imaginação e cultivar nossos próprios mundos internos com momentos alegres e divertidos.

Você se lembra de quando no início deste livro eu disse para manter a mente aberta? Isso foi para esta seção. Você foi avisado! Nesta seção, mudamos de práticas *baseadas em plantas* para *práticas inspiradas em plantas*. Vou encorajá-lo a brincar e cultivar a curiosidade como quando você tinha cinco anos e costumava brincar no jardim. Por alguma razão, depois de adultos, perdemos o contato com a imaginação que tínhamos quando crianças. A sociedade nos condiciona a descartar tudo como se fossem folhas velhas e amareladas. Isto é uma verdadeira besteira, porque ter imaginação e "brincar" é o melhor que há! Essa sensação de expansão e diversão é reservada somente para crianças e não está mais ao nosso alcance. Acho que devemos mudar isso

AS PLANTAS SÃO AS NOVAS TORTAS DE LAMA

e continuar brincando até a morte, não apenas até entrarmos na faculdade. Ser "adulto" não é tão legal quanto dizem.

As práticas da próxima seção podem ser um pouco "exageradas" ou meio "oba-oba", ou simplesmente estranhas como um rabo de cavalo na testa. Mas... Elas também são divertidas, edificantes e são um convite para se reconectar com sua criança feliz interior. Você quer ser "descolado" ou quer ser feliz?

"A ~~Louca~~ Dama das Plantas Feliz"

À medida que as plantas domésticas se tornam cada vez mais populares, muitos dizem que a "Louca das Plantas" é a nova "Louca dos Gatos". Todos nós já vimos os memes e desenhos animados da "Louca das Plantas": uma mulher cercada por plantas — com aquele *olhar estranho* — enquanto proclama que não pode socializar com outros humanos em uma noite de sábado porque precisa ficar em casa e regar suas plantas. Que nada. Olha... eu sou o que a sociedade consideraria uma "Louca das Plantas". Eu tenho um monte de plantas e um amor aparentemente maluco por elas — mas encontrar alegria em cultivar a vida não faz de ninguém um louco. Isso nos torna humanos. E também nos faz felizes.

Essa tendência da "Louca das Plantas" é uma tremenda besteira. Precisamos de um *rebranding*. "Louco" não é uma palavra que deveríamos usar tão casualmente. Estou deixando a "louca" para trás e ficando com "~~Louca~~ *Feliz* Dama das Plantas". Plantas domésticas, flores, jardins, ervas, árvores e todas as outras coisas verdes da vida fazem as pessoas felizes. Claro e simples. Então chega de "loucas" e usemos "damas"!

Abrace seu eu que ama plantas e faz tortas de lama, e vamos cair nessa de cultivar um pouco de alegria!

Fale com suas plantas

Tá bom, antes que você já comece a revirar os olhos para mim com esta prática... me dê uma chance. A primeira vez que falei sobre minha experiência com "afirmações enraizadas" com minha comunidade de amigos de plantas no Instagram, tive *certeza* de que seria ridicularizada na internet e teria meu título de "Dama das Plantas" revogado. Mas eu estava guardando um segredo que precisava compartilhar: eu tinha esses impulsos estranhos de falar e cantar para minhas plantas. E quando eu o fazia, me sentia bem. Eu gosto de, literalmente, rir em alto e bom som. Eu me sentava na varanda e dizia às minhas plantas como elas eram lindas, como eu estava orgulhosa do seu crescimento e, às vezes, até reescrevia músicas para acomodar novos nomes de ervas. Esses momentos me faziam sorrir, rir e estar totalmente presente.

E veja só: sempre que posto sobre essa prática nas redes sociais, fico *chocada* com a quantidade de pessoas que confessam fazer a mesma coisa. Portanto, embora esta possa ser a prática mais boba do livro, espero que seja a que traz o maior sorriso ao seu rosto!

Duas maneiras de enraizar afirmações

Afirmações estão em alta entre muitos dos melhores gurus do bem-estar do mercado. Eles dizem que as afirmações elevam o espírito, aumentam nossa confiança e nos ajudam a superar crenças limitantes — e geralmente nos fazem sentir melhor. Marie Forleo conta uma história maravilhosa sobre seu livro *Everything is Figureoutable* [Tudo é imaginável]. Ela escrevia "Sou uma autora best-seller do NY Times" quinze vezes por dia durante todo o tempo em que trabalhou em seu livro. A obra tornou-se campeã de vendas! Essa coisa funciona mesmo.

Às vezes é desconfortável olhar no espelho e dizer coisas gentis para nós mesmos. Mas é definitivamente mais fácil dizer algo bom para suas plantas. Dizer coisas gentis para suas plantas fará você se sentir melhor, provavelmente fará você rir (porque você está falando diretamente com uma PLANTA — como isso não vai estampar um sorriso na sua cara?) e ter sentimentos de conexão entre você e sua coleção vegetal. Conecte-se à sua fonte de energia interior e curta o que acontecerá a partir disso.

Nossas coleções de plantas podem ser um espelho, um reflexo de onde estamos na vida. Muitas vezes descobri que, quando minhas plantas estão em dificuldades, eu também estou. Há muitos paralelos entre o jardim e a vida que podemos ver e usar todos os dias para *nos ajudar a* crescer, e também à nossa coleção de plantas. Minha esperança é que, depois de afirmar suas plantas, fique cada vez mais fácil repetir essas afirmações para você mesmo. Da próxima vez que você estiver escovando os dentes, se preparando para o dia ou lutando contra a opressão e a ansiedade sobre o futuro, experimente uma dessas afirmações com você mesmo e aproveite as vibrações mornas que virão com ela.

Tente estas afirmações com as suas plantas

- Cresça, menina!
- Continue crescendo, amiga-planta!
- Estou orgulhosa de você, amiga-planta!
- Eu respeito sua dormência e acredito que você despertará no momento perfeito.
- Desdobre suas belas folhas e expanda seu grande potencial.
- Todo mundo está crescendo em seu próprio ritmo, em seu próprio tempo; você tem o tamanho e a forma exatos para este momento. Continue. Continue crescendo.
- Levante-se e se deixe florescer, plantinha!
- Nessa quietude toda, você está crescendo.
- Você é merecedora de amor, nutrientes e gentileza.
- Há espaço para crescer na tranquilidade.
- Não há problema em perder suas folhas — deixe cair o que não lhe serve.

Afirmações enraizadas para você

- Estou crescendo e estou indo muito bem.
- Eu estou muito orgulhoso de mim mesmo.
- A dormência é boa. Minha próxima estação será cheia de crescimento e flores.
- Sou uma folha se desenrolando e se expandindo para o seu grande potencial.
- Estou crescendo no meu próprio ritmo, assim como todo mundo. Estou exatamente onde preciso estar.
- Desabroche sem desculpas, baby!
- Continuo crescendo sem parar, mesmo quando estou tranquila.
- Eu mereço amor, nutrição e gentileza.
- Há espaço para crescer na tranquilidade.
- Está tudo bem deixar as coisas para trás. Estou deixando aquilo que não me serve mais.
- Sementes empolgantes estão germinando dentro de mim.

Ver para crer

Escreva essas afirmações em cartões ou lembretes e coloque-os em volta das suas plantas, no espelho do banheiro ou na geladeira. Leia-as para si mesmo toda vez que passar por elas. O efeito cumulativo dessa prática é bastante impressionante — repita todas elas diariamente, plante sementes de confiança dentro de você e se maravilhe à medida que elas crescem.

Dê nome às suas plantas

Dar nomes às suas plantas parece o epítome de todas as paródias da Dama das Plantas que você já viu… mas é *tão* divertido. Faz a gente se sentir bobo, mas ser bobo é bom. Tente. E o pior ainda piora: tem nomes que não pegam. Você não precisa dar nomes a todas as plantas da sua coleção, e você pode começar com apenas uma. Mas, ao escolher o nome das suas plantas e personificá-las um pouco, é possível atingir um novo nível de carinho e de vínculo que não seria atingido de outra maneira. Eu o desafio a não sorrir ao chamar sua planta pelo nome e fazer um elogio a ela.

Eu dei nomes a apenas algumas das minhas mais de noventa plantas:

- Lima Azevedo, o limoeiro (*Citrus* x *latifolia* "Bearss Seedless")
- Lemony Snickett, meu limoeiro siciliano (*Citrus* x *meyeri*) — O criador de "Desventuras em série"
- Fígaro, a figueira de folha de violino (*Ficus lyrata*)
- Gaga, a monstra (*M. deliciosa*)

Não me sinto motivada a dar nomes a todas as minhas plantas, mas algumas superespeciais precisavam de nomes quando se juntaram à coleção.

Plante sementes de deleite 95

Lima foi a primeira planta da qual Billy e eu realmente nos sentimos donos *juntos*. Colhemos um limão que virou um delicioso mojito. Quando consegui mostrar como nossa coleção de plantas poderia ser útil, ficou mais fácil para Billy apreciar meu novo e inesperado *hobby*. Fígaro foi a primeira planta que Billy trouxe para casa depois de uma "pausa vegetal" de seis meses, sobre a qual você aprenderá mais adiante no livro. Gaga é minha pequena monstra do jardim e recebeu o nome de nossa rainha, Lady Gaga. A nomeação não precisa ser ciência de foguetes; só tem de ser divertida.

Dê um nome às suas plantas, cultive um pouco de alegria e aproveite os sorrisos que virão disso.

A combinação definitiva

Pegue uma planta e dê seu próprio nome a ela. Declame para ela suas afirmações enraizadas. Toda vez que você nutrir sua planta xará e falar gentilmente com ela, também estará falando gentilmente com o seu eu (secreto). Sugestão: escolha uma planta que você já saiba como cuidar. A última coisa que você quer é que sua planta homônima não se apaixone pela sua própria casa!

Aprenda latim

Existem tantos nomes comuns de plantas que se misturam que é fácil ficar confuso sobre o que você está realmente cultivando em sua coleção. Uma "planta-da-amizade" pode ser uma *Pilea peperomioides* ou uma *Pilea involucrata*. O termo "hera" é usado nos nomes comuns de muitas plantas tropicais de interiores e de trepadeiras ao ar livre de diversas espécies diferentes. Se você quer levar a sério os cuidados com as plantas, aprender seus nomes científicos é a melhor maneira de se preparar para o sucesso. Não se prenda à pronúncia — ninguém pronuncia o latim vegetal corretamente.

Intimidado por aqueles nomes longos e estranhos? Uma maneira fácil de fazê-los grudar na memória é escrever o nome das espécies em etiquetas para cada uma de suas plantas e colá-las em seus respectivos vasos. Assim, toda vez que você as regar poderá repetir o nome para si mesmo, até que finalmente você não consiga mais *não* se referir a elas pela taxonomia correta! Além disso, recitar o latim das plantas é uma maneira fácil de parecer superchique quando você arrastar seus amigos para comprar plantas juntos.

O próximo nível da alegria de cultivar: cantando para suas plantas

Esta talvez seja a coisa mais ousada que sugiro: cante para suas plantas. Eu sei que soa um pouco destrambelhado, mas é TÃO DIVERTIDO... Deixe a beleza botânica delas encher você de inspiração ao procurar músicas com viés botânico para cantar quando estiver com elas. Este é o típico comportamento de uma "Dama das Plantas Feliz" do nível superior, mas, cara, é bom e me faz rir no final de cada sessão.

Crie sua própria música

Pegue sua música favorita e reescreva-a para incluir sua planta. Minha reescrita favorita foi para o meu pé de orégano vários verões atrás. Peguei o refrão da música "Blow", da Kesha, e mudei a letra de "This place's about to blow, ooooohhohohoh" ["Este lugar está para explodir, ooooououou"] para "You grow, Orega-noooooohohohohohohohoh" ["Cresça, oréganooouou"]. Será que

Plante sementes de deleite   97

algum vizinho ou alguém que me viu da rua achou que eu era uma completa maluca? Sim. Eu ri sozinha o dia todo por causa daquele momento e cultivei um pouco mais de alegria na minha vida? Claro que sim.

Aqui estão algumas músicas de inspiração botânica para você entrar no clima, caso você não se considere um compositor:

- "Edelweiss", de *A Noviça Rebelde*
- "De volta ao jardim", *Delta Rae*
- "The Secret Life of Plants", Stevie Wonder (O álbum todo é incrível.)
- "Grow As You Go", Ben Platt
- "(It's Not Easy) Bein' Green", Kermit the Frog (escrito por Joe Raposo)
- "Grow", Andy Grammer

Encontre sua musa

Você não precisa cantar literalmente para suas plantas para se divertir com essa prática. Encontre a música — ou pintura ou poema — dentro de você e se deixe invadir pela inspiração criativa e artística que as plantas liberam em seu interior. Se você tiver a faísca de uma ideia, alimente-a.

Aqui estão algumas ideias para que a sua criatividade floresça:

- Quais habilidades criativas você gostaria de explorar mais?
- Se você é bom de desenho ou pintura, tente esboçar sua planta favorita ou uma cena botânica.
- Você é músico? Escreva uma melodia inspirada no som da água passando pelo seu regador. Como seria o som de uma folha ou de uma flor desabrochando se você pudesse ouvir?

- Você é escritor? Escreva poemas, haicais ou contos de inspiração botânica. Tente capturar uma cena inspirada na natureza — talvez a maneira como a luz atravessou a copa das árvores em sua caminhada ou a maneira como as folhas farfalham ao vento.
- Vá a um encontro com um artista-planta. O livro *The Artist's Way* [O caminho do artista], de Julia Cameron, vendeu milhões de cópias e ajudou inúmeras pessoas ao redor do mundo a se reconectar com seu artista interior. No livro, Julia sugere que você faça "encontros com artistas" e crie períodos de tempo dedicados para nutrir seu artista interior. Podemos muito bem usar a dica de Julia e procurar reuniões com foco em autocuidado para nos reconectar com a natureza e com nossa curiosidade visitando jardins botânicos, encontrando exposições de arte centradas na natureza, experimentando uma aula de arte sobre ilustração botânica ou participando de uma excursão de banho de floresta.

Não deixe o seu "adulto" julgar sua criatividade. Permita que sua criança interior experimente e se divirta.

Sinta a primavera em seu corpo

Você já sentiu como se seu espírito estivesse adormecido? Você já experimentou estações em que simplesmente é impossível se empolgar ou nas quais parece que sua energia está estagnada? Tente incorporar a primavera.

Esta prática é inspirada na energizante mudança das estações do inverno para a primavera. Em Nova York, quando março chega, há uma mudança clara na energia, à medida que os primeiros dias quentes da primavera se aproximam. Você pode sentir as árvores secas acordando e quase ouvir os botões se formando. Vislumbres de verde estão por toda parte depois de um inverno cinza-escuro e adormecido. Uma sensação de promessa paira no ar, carregada de entusiasmo pelo calor, pelo renascimento e pelas sextas-feiras de verão que estão chegando.

Esta prática é simples. Coloque sua música favorita para dançar e visualize o despertar da primavera em seu corpo. Deixe-se mover com o ritmo. Relembre ou visualize as imagens primaveris mais marcantes para você e sinta-as em seu corpo. Pode ser uma semente germinando e brotando suas primeiras folhas, um botão tenro se formando, um narciso se abrindo. Use qualquer imagem que o inspire e deixe fluir os movimentos e a energia.

P.S.: Adicionar essa prática à sua rotina matinal é uma maneira deliciosa de acordar seu corpo e sua mente para começar o dia.

Celebre os paralelos entre sua vida e a das suas plantas

Quando comecei a cuidar de plantas, passei também a ver aspectos da minha própria vida refletidos em minha coleção. Há muitas lições a serem aprendidas com os paralelos entre a vida de nossas plantas e a nossa. Minha despedida para o meu *podcast* é "Continue cultivando, continue florescendo". Eu sei que é bem brega, mas também é um mantra muito poderoso. As plantas são nossas professoras verdes e nos mostram verdades simples e naturais que muitas vezes perdemos ao longo da vida. Neste capítulo você encontrará algumas lições poderosas e dicas profundas para usar e abusar. Compartilho minhas lições, na esperança de que você encontre paralelos em sua própria vida que o ajudem em sua jornada.

Faça uma lista de poda

O conceito de poda parece contraintuitivo: cortar algo e tornar essa coisa menor para então ajudá-la a crescer e se tornar uma planta mais exuberante do que ela teria sido sem esse discreto e inspirador corte de cabelo. Corte uma flor agora e tenha duas flores depois. A ciência por trás da poda é ainda mais legal.

Para entender a poda, é necessário conhecer um hormônio chamado *auxina* e uma parte da planta chamada *meristema apical*. A auxina é um dos principais hormônios responsáveis por coisas importantes que acontecem em uma planta, como brotos, raízes e o crescimento das frutas. Uma planta tem um meristema apical no broto (ou botão) terminal, aquele que fica no topo. E os brotos são onde o crescimento acontece.

O broto terminal, que abriga o meristema apical, comanda tudo. Ele regula a distribuição de auxina em toda a planta, regulando assim seu crescimento e o desenvolvimento em conjunto com outros fitormônios. Quando podamos um broto terminal, estamos essencialmente removendo o regulador da auxina, fazendo com que todos os brotos laterais cresçam.

Houve épocas difíceis da minha vida em que não se passava um dia sem que eu pensasse em podar. Quando eu me preocupava com o que estava sendo "podado" — um emprego, a data do meu casamento, uma casa —, eu respirava fundo três vezes e me lembrava do crescimento robusto, de flores mais saudáveis e da folhagem nova e bonita que vem depois de uma poda. Eu finalmente consegui reestruturar e focar no crescimento empolgante que viria no futuro.

QUANDO VOCÊ ESTIVER LUTANDO COM SUAS PERDAS OU MEDOS, TENTE ESTE MANTRA:

"Depois da poda, há um novo crescimento"

"Depois da poda, há um novo crescimento"

"Depois da poda, há um novo crescimento"

Cave mais fundo

O que você podou em sua vida que lhe permitiu colher um belo crescimento, amigo-planta? Casas, empregos, relacionamentos? Você consegue sentir gratidão por ter podado algo, mesmo que a escolha tenha sido dolorosa? O que ou quem precisa ser podado da sua vida? Padrões de pensamento negativos, suposições, ciúmes, cortes de cabelo que não deram certo?

Dê um tempo com suas plantas e explore estas dicas:

- O que está enfraquecendo sua alma neste momento? Quais conversas, tarefas ou interações você está evitando? Quando você acorda de manhã ou pensa na próxima semana, o que lhe causa estresse ou medo?
- Com base em sua resposta à pergunta acima, reflita sobre o que não está lhe servindo. O que talvez precise ser podado? Talvez não seja possível simplesmente cortar os sugadores de energia da sua vida, mas pense em maneiras de mudar suas atitudes ou abordagens para limitar a energia que você gasta com eles.
- O que foi podado no passado — podem ser oportunidades que você perdeu, coisas tiradas de você ou coisas das quais você deliberadamente escolheu se libertar — e que novo crescimento veio disso? Como essas experiências se refletem em sua experiência de vida atual?

Não chore por um tomate perdido

De todas as lições que aprendi com o jardim da minha varanda, esta é a minha favorita para compartilhar.

Um pouco da história pregressa: em 2017, meu parceiro Billy e eu tínhamos acabado de ir morar juntos depois de três anos de longa distância. Assinamos um contrato de aluguel de um apartamento minúsculo com uma varanda Juliet ainda menor, de 3 metros quadrados. Era pequenino, mas era nosso, e estávamos ansiosos para nos estabelecer juntos em nossa nova casa. Os primeiros esforços para nos estabelecer giraram em torno de tentar cultivar algumas ervas e vegetais juntos, incluindo um pequeno tomateiro. Nós dois éramos pessoas orgulhosamente independentes, e aquele pequeno jardim foi um dos primeiros *hobbies* que desfrutamos juntos.

Dica profissional: se o seu parceiro está relutando em aceitar seu amor por plantas dentro de casa, encontre uma maneira de envolvê-lo com um tipo de planta ou algo relacionado que o interesse. Descobri que era mais fácil para Billy se conectar com o cultivo de plantas comestíveis que serviam a um propósito funcional do que apreciar minha crescente coleção de plantas não comestíveis. Cultivar aquele jardim nos deu um território em comum e nos permitiu desfrutar do processo de nutrir algo juntos. Uma vez que estabelecemos isso, o resto foi história (corta para nossa vida em 46 metros quadrados com 160 plantas domésticas não muito mais tarde). Agora, em tom de brincadeira, aconselho os casais a "começar com uma planta, depois ter um cachorro e depois ter um bebê".

Nosso jardim da varanda veio com novas responsabilidades compartilhadas. Nós nos tornamos uma equipe empenhada em ajudar aquela plantinha a crescer. Nós trocávamos mensagens de texto perguntando: "Você regou o tomateiro hoje?" ou "Amor, você notou que o pé de tomate cresceu cinco centímetros?! Estamos mandando bem!". O costume de cuidar daquela

planta se tornou um jogo divertido. Sentíamos o cheiro das folhas e nos maravilhávamos com o crescimento da folhagem, que rapidamente cresceu de meros de dez centímetros de altura para um metro. O mais importante é que sonhávamos com o que faríamos com os tomates que logo colheríamos.

Sentados em nosso sofá e olhando pela janela para a planta, conspirávamos juntos: faríamos um delicioso molho de tomate com nossa colheita? Conservaríamos alguns dos tomates em potes como meus primos italianos fazem? Ou talvez pudéssemos preparar os tomates com sal e comer pratos de caprese quando desse vontade? As opções para nossa farta colheita eram infinitas.

Apesar de nossos melhores esforços, nossos planos foram ligeiramente por água abaixo, porque do enorme pé de tomate cresceu apenas um fruto. Sim, um só tomate. Depois de termos trabalhado tanto naquela planta e sonhado com uma farta colheita, de repente nos vimos olhando para um único tomate aninhado em nosso arbusto de folhagem verde e perfumada. Mas, como os jovens jardineiros ingênuos e alegres que éramos, continuamos positivos. Seguimos em frente e dissemos: "Sabe de uma coisa? Se este é o único tomate do pé todo, ele deve ser especial, certo? Aposto que será o tomate mais delicioso de todos os tempos". Nossos planos e nossos sonhos em torno da colheita se reduziram, mas para nós ainda eram grandes.

De volta ao sofá e de braços dados, continuamos espiando pela janela e planejando as várias opções para o nosso único tomate. Depois de muito debate, decidimos cortá-lo bem fino, polvilhar com sal marinho em flocos e um pouco de manjericão caseiro e saboreá-lo em nosso terraço com uma taça de prosecco. Olhávamos pela janela para o nosso bebê-tomate maduro, e a saliva brotava ao pensarmos no pequeno banquete que teríamos. Aquele tomate nos fez rir, sorrir e sonhar juntos. Continuamos cuidando da planta: regando, cheirando suas folhas, cantando para ela, admirando sua folhagem não muito frutífera e nutrindo nosso amado e singular tomate.

Um dia, enquanto nós dois estávamos no trabalho, uma grande

Celebre os paralelos entre sua vida e a das suas plantas   **107**

tempestade de vento derrubou o tomateiro indefeso. Nosso único tomate foi arrancado do caule e estava completamente danificado quando o encontramos. Dois meses de cuidados e atenção ao nosso pequeno tomateiro e tudo foi por água abaixo. Aquele foi um dia difícil em nossa casa. Eu estaria mentindo se dissesse que não chorei. Derramei uma quantidade vergonhosa de lágrimas sobre aquele tomate perdido. Eu me senti um fracasso e pensei que todo o nosso árduo trabalho tinha sido em vão. Lamentei todo o tempo que passamos regando e cuidando daquela planta, apenas para vê-la ser destruída. E o fato de eu estar sentada no sofá chorando por causa de um tomate estragado me fez sentir não apenas uma fracassada, mas também uma louca.

Então me ocorreu: eu não tinha passado meses cuidando daquela plantinha na esperança de uma recompensa deliciosa, mas na verdade tinha passado meses naquele sofá, segurando a mão de Billy enquanto sonhávamos com futuras refeições juntos. Passamos meses coordenando o cuidado de nossa planta, comemorando pequenas vitórias, fazendo estacas com gravetos e lendo *blogs* sobre jardinagem juntos — foram meses nos quais duas pessoas caminharam lentamente em direção a uma vida de trabalho em conjunto.

O sucesso de nosso primeiro tomateiro não teve nada a ver com o tomate em si, seu crescimento, seu amadurecimento e sua colheita — ou a inexistência de uma colheita. Tinha tudo a ver com a experiência de cultivar o tomate juntos, o que aprendemos sobre jardinagem para nossas futuras estações de plantio e o que aprendemos um sobre o outro durante o processo.

As melhores lembranças daquele verão são nós dois abraçados no sofá, sonhando sobre o que fazer com nossa recompensa (que se mostrou ser singular, afinal) e, pela primeira vez, acompanhar o crescimento de uma planta. Testemunhar essa pequena muda se transformar em um pé de tomate alto e exuberante e observar uma pequena flor amarela se transformar em um suculento tomate vermelho me ajudou a entender o ciclo da vida de uma maneira mais profunda. Foi meu primeiro ano tentando cultivar alimentos, e havia muito a aprender. Isso tudo me deu um grande respeito pelos agricultores do

o importante não é o tomate.

nosso país, que trabalham duro para cultivar plantas em grande escala para que possamos nos dar ao luxo de não entender esses processos.

Ver esse ciclo de vida de perto me ajudou a entender como a vida pode ser passageira e a valorizar um pouco mais o momento presente, porque percebi que o resultado final não importa tanto. Embora não tenhamos colhido nenhum tomate naquele ano, colhemos conhecimento, conexão e trabalho em equipe.

Essa temporada de jardinagem aconteceu há muitos anos, e até hoje ainda a uso como treino nos pequenos conflitos da vida, ocasionalmente dizendo: "Maria, **o importante não é o tomate**". Tornou-se uma singela frase que uso para destrancar essa sensação de perspectiva útil quando fico estressada e sobrecarregada pensando no futuro. É simplesmente isso... não tem nada a ver com o "tomate" de qualquer coisa com que eu esteja preocupada. Quando eu era uma atriz desempregada querendo desesperadamente conseguir meu próximo papel, eu respirava fundo e murmurava: "O importante não é o tomate". Quando finalmente fui selecionada para uma apresentação e fiquei nervosa na noite de estreia, repeti "O importante não é o tomate" ao longo de todo o caminho até o teatro no dia da estreia. No sexto ano de namoro com Billy, quando eu esperava pelo pedido de casamento... eu usava MUITO essa frase. Como Billy e eu atualmente estamos economizando para comprar nossa primeira casa, sempre volto a esse mantra e sei que ele continuará a me servir em todas as estações da minha vida.

Cave mais fundo

Qual é o seu tomate?

E você, meu amigo-planta? Dê um tempo e encontre um lugar calmo e cheio de plantas para refletir e trabalhar neste exercício.

- O que você tem cultivado em sua vida? Talvez seja um relacionamento, sua carreira, um sonho antigo. Sobre o que é que você sonha acordado, se empenha em alcançar e o que você mais deseja? Anote um ou dois "tomates", sejam eles grandes ou pequenos.
- Reflita sobre como esse objetivo está caminhando. Você sente que está progredindo ou que seu objetivo parece distante? Quando pensa em seus tomates, você fica ansioso e animado ou ansioso e estressado? Anote suas reações.
- Desvie seus olhos do "tomate" por um momento, amigo-planta. Fique maravilhado com onde você está neste momento. Provavelmente, hoje você está cercado por coisas que costumava sonhar em ter. Talvez sempre tenha desejado morar nessa cidade na qual agora reside, talvez tenha sonhado por anos com aquele diploma universitário para o qual agora você nem dá mais bola, ou talvez esteja construindo amizades que agora são vitais e sustentadoras. De qualquer forma, persiga seus "tomates", mas não se esqueça de apreciar o processo e se deliciar com onde você está.

Dicas para cultivar um pé de tomate

Eu sei que estamos falando de tomates metafóricos aqui, mas *não* posso deixar de dar algumas dicas sobre o cultivo de tomates reais:

- **Ajude-os a encontrar sua luz:** os tomates precisam de MUITA luz. Seis a oito horas de luz solar direta por dia são necessárias para iluminar sua trilha para o sucesso.
- **Vá fundo:** Ao contrário da maioria das outras plantas,

esta requer um plantio da raiz muito profundo no solo. Ao plantar, remova as folhas mais baixas e enterre os primeiros centímetros do caule junto com o torrão com as raízes. Aqueles delicados pelos no talo do pé tomate são na verdade "raízes adventícias", o que significa que, quando plantadas no subsolo, elas crescerão e se desenvolverão como parte do sistema radicular e ajudarão a estabilizar a planta.

- **Seja consistente:** o pé de tomate precisa de umidade constante na zona da raiz. Não o deixe secar, ficar muito tempo sem água ou ficar muito molhado. Solo consistente e úmido é o lugar onde ele encontrará a felicidade.
- **Alimente-os — eles são comilões:** os pés de tomate absorvem muitos nutrientes à medida que gastam seus recursos para desenvolver suas deliciosas frutas, portanto certifique-se de mantê-lo fertilizado durante toda a estação.
- **Demonstre seu apoio:** use uma estaca, gaiola ou treliça para dar aos tomates um suporte para crescer e se apoiar enquanto desenvolvem frutas deliciosas e suculentas (e pesadas)!
- **Diga adeus às sugadoras:** as sugadoras são folhas ou brotos que crescem entre o caule principal e os ramos do tomateiro. Embora sejam basicamente inofensivas, muitos jardineiros as podam para estimular o fluxo de ar e manter a energia no sistema principal da planta.
- **Traga um amigo!** Plante pés de tomate com manjericão nas redondezas. O manjericão é conhecido por afastar pragas como pulgões, moscas-brancas e mariposas de tomate que normalmente adoram essa planta. Além disso, facilita muito a colheita conjunta da sua salada caprese perfeita!

Uma carta à minha pimenteira em estado de choque devido a um replantio

Cara Pimenta,

Ontem eu tirei você do seu viveiro de mudas e a transplantei para sua casa definitiva: uma lata de vinte litros na qual você viverá durante sua fase de crescimento no sol da minha varanda. Hoje você não está muito feliz comigo. Você está passando pelo choque do transplante, o que é compreensível, meu amor. Você passou de um vasinho aconchegante que abrigava você e suas raízes delicadas para um recipiente maior, cheio de terra nova e desconhecida que parece vasto e estranho.

Você está de mau humor, lamentando a perda de sua casa, com suas folhas caídas. Eu sei que esse processo é difícil e desconfortável, mas prometo que, se você confiar em mim, será muito mais feliz em sua nova casa. Você tinha ficado maior que o seu vaso atual, e, se permanecesse, suas raízes teriam se dobrado umas sobre as outras e você ficaria muito chateada.

Em seu novo vaso, com um delicioso solo orgânico rico em nutrientes, tem espaço de sobra para você se espalhar e crescer! Pense nas possibilidades! Pense em todos os nutrientes que você vai absorver para ficar grande e forte! Pense nas deliciosas pimentas que você produzirá ao permitir seu potencial máximo. Você não poderia desenvolver pimentas tão grandes e deliciosas se ficasse em sua pequena casinha para mudas. Eu sei que é assustador no começo, mas você vai adorar se me der uma chance.

Vamos fazer um acordo: espere um mês. Explore seu novo espaço, levante suas folhas novamente para serem banhadas pelo sol e absorva sua luz, estabeleça suas raízes nessa nova terra, e vamos completar esse ciclo. Depois de se ajustar, podemos até conversar sobre levar você de volta ao seu antigo viveiro, caso você ainda queira voltar. Mas tenho a impressão de que você enxergará seu lindo potencial de crescimento à sua frente e vai querer continuar na nova casa.

Você é forte, e eu estarei aqui para ajudar o tempo todo.

Com amor,
Maria, sua mamãe-planta

Cave mais fundo

Você já se sentiu como esse pé de pimenta quando passou por um período de transição e teve medo do desconhecido? Novos vasos, pessoas ou casas podem ser intimidantes, mas, se você se permitir vicejar nessas situações e tiver a coragem de criar raízes, pode ser que viva oportunidades que nunca imaginou ou experimentou anteriormente. Deixe seu medo da incerteza se transformar em entusiasmo sobre o potencial e as possibilidades de tudo aquilo que é novo.

Dê um tempo com suas plantas e seu diário

- Escreva quais áreas da sua vida parecem desconfortáveis ou opressivas por serem novas ou diferentes. Seja quando investimos em um novo namoro, assumimos um novo cargo ou mudamos para uma nova casa, todos nós sentimos medo diante do desconhecido — mesmo quando a mudança é obviamente boa.

- Descubra três maneiras diferentes de apoio para esse momento de transição e faça brotar ousadia em vez de ficar acuado. Lembre-se de que a transição é um processo, e não uma decisão única. Tenha paciência e saiba que você vai prosperar em sua nova situação, seja ela qual for.

Crie mais plantas, cultive mais alegria

Não odeie, semeie

Ah, graça poderosa, esplendorosa! Semear é muito gostoso e uma maneira linda de inspirar curiosidade. Essa prática nos transforma em uma prodigiosa criança de cinco anos, seja qual for a idade do seu corpo. Ver uma raiz crescer sozinha é simplesmente incrível. A primeira vez que você cultiva uma planta na água e vê crescer suas raízes é a experiência mais impressionante! Você vai experimentar uma indescritível sensação de propriedade sobre seu novo bebê-planta e terá aprendido sobre o processo de crescimento em um nível muito mais profundo. Semeie para a vitória!

O ato de propagar e semear é nossa chance de pegar as plantas que já temos e fazer mais plantas... de GRAÇA. É quando cultivamos uma nova planta a partir de uma semente *ou* quando fazemos uma "cópia" da planta pegando uma muda da planta-mãe para fazer um novo clone de planta-bebê. É uma maneira divertida e barata de aumentar nossa coleção e de curtir suas plantas na qualidade de seres vivos.

Plantas diferentes requerem diferentes métodos de propagação diferentes. Eles podem ser muito simples ou extremamente complicados.

Quase todas as plantas que conhecemos e amamos são propagadas por sementes ou por reprodução vegetativa. Existem várias técnicas diferentes quando se trata de reprodução vegetativa: cortes na ponta do caule, camadas

de ar, cortes no caule, cortes de folhas inteiras, cortes de pecíolos de folhas, cortes de nervura dividida e até plantio de tecidos vegetais. Você pode passar a vida inteira experimentando vários métodos de propagação, cultivando a curiosidade e aprofundando seu relacionamento com suas plantas e com a própria vida.

Vamos simplificar aqui com dois métodos de propagação testados e aprovados para iniciantes. Há ótimos recursos no final deste livro para desenvolver ainda mais suas habilidades de propagação. Meu conselho é simplesmente se manter curioso e não parar de experimentar.

Como enraizar cortes de pothos na água

VOCÊ VAI PRECISAR DE:

- uma tesoura ou uma faca afiada e esterilizada
- um copo de água
- uma pothos saudável e sem pragas (o enraizamento em água também funciona bem para outros aeroides de videira, como o *Philodendron* e a *Monstera*)
- hormônio de enraizamento (não é necessário caso não o tenha à mão, mas pode ajudar a acelerar o processo de enraizamento)

1. Encontre um ramo de haste longa em sua planta e localize os nós. Os nós são a parte da planta na qual novos brotos e raízes podem crescer. Na sua pothos ou no seu filodendro, eles se parecerão com listras horizontais um pouco projetadas, com uma pequena protuberância marrom na lateral. Por alguma razão, sempre penso neles como os nós

dos dedos da planta. Ao cortar seu ramo da planta-mãe, tente cortar um pedaço longo, de sete a dez centímetros no mínimo, com vários nós para possibilitar fazer várias mudas.

2. Faça um corte na ponta do caule: Segure a parte do ramo que você cortou e vá até a sua ponta — o que significa a extremidade oposta de onde você a separou da planta-mãe. Localize os dois nós superiores. Com a tesoura, corte sete milímetros abaixo do segundo nó e remova a folha inferior. Afunde-o em gel de hormônio de enraizamento ou em um hormônio de enraizamento que possa ser diluído em água, se for o caso, e coloque-o em um copo de água.

3. Pegue os cortes de brotos de folhas com o restante do ramo que foi cortado. Localize cada nó e corte-o do ramo principal no tamanho de sete milímetros de cada lado. Não destaque a folha. Coloque-os na água. É importante deixar apenas sete milímetros de caule de cada lado do nó, pois deixar mais pode fazer com que apodreçam. Faça a compostagem do restante do caule.

4. Coloque o copo de água com os cortes no peitoril da janela e observe o que acontece. Dentro de uma semana ou duas, você notará que raízes começam a se desenvolver. Espere até que as raízes tenham dois ou três centímetros de comprimento e comecem a se ramificar antes de transplantar as mudas para vasos com misturas de terra para vasos.

5. Depois de ter um sistema radicular bom, saudável e ramificado (chamado de "tapete de raiz"), coloque suas novas mudas em um pequeno vaso com mistura de solo de alta qualidade.

6. Regue bem sua planta recém-envasada.

7. Sua planta levará algumas semanas para se estabelecer na terra, então não fique aflito se ela não parecer extremamente feliz logo após ser envasada. Mantenha a terra um pouco mais úmida que o normal nessas primeiras semanas, para ajudar sua nova muda a se ajustar depois de passar da água pura para a mistura de solo no vaso.
8. Exiba a nova planta em sua casa ou espalhe o amor-planta e presenteie uma de suas pessoas favoritas com ela.

Dicas para enraizar uma planta na água

- Troque a água no intervalo de poucos dias para mantê-la fresca.
- Não espere muito tempo para envasar os ramos na mistura de terra para vaso. Quanto mais as raízes ficarem na água, mais difícil será para elas fazer a transição para o meio sólido.
- Se as raízes começarem a apodrecer (elas começarão a ficar marrons ou pretas), corte-as e tente novamente.
- Não perca a curiosidade e divirta-se!

Como enraizar uma folha suculenta

VOCÊ VAI PRECISAR DE:

- uma faca ou uma tesoura esterilizada
- uma suculenta com muitas folhas carnudas, como uma echeveria

Crie mais plantas, cultive mais alegria   121

- mistura de terra para vaso
- um prato
- um borrifador

1. Quebre ou corte gentilmente uma folha da suculenta: uma folha inteira, pois este é um corte de folha inteira. Certifique-se de quebrá-la na base da folha. Como esse método não tem uma taxa de sucesso de 100%, sugiro tirar várias folhas.
2. Coloque a folha em um prato (certifique-se de que esteja seco) para "curar". Um calo se desenvolverá na base da folha onde era originalmente conectada à planta. Isso é crucial para o sucesso da propagação. O calo se parecerá com uma crosta marrom e levará vários dias para se desenvolver.
3. Depois que as folhas estiverem curadas, encha o prato com uma mistura de terra para vaso fofa e levemente úmida. Coloque as folhas curadas sobre a mistura de terra para vasos. Você pode pressioná-las suavemente na mistura de terra, mas não precisa enterrá-las.
4. Seja paciente.
5. Lenta, mas continuamente, as raízes começarão a se projetar do calo. Depois que elas se desenvolverem, comece a umedecer a terra e as raízes com seu borrifador.
6. Como mágica, a folha original começará a murchar lentamente, e uma nova e minúscula planta crescerá. Uma vez que a folha-mãe se desprender, você pode plantar sua nova pequena suculenta em um vasinho. Coloque-a em um local com luz agradável e clara e maravilhe-se com sua nova planta.

Embora estas instruções possam parecer de alta manutenção ou difíceis, é incrível a frequência com que isso acontece naturalmente em nossas coleções de plantas. Eu tenho uma planta-jade que ganhei de uma amiga que ganhou de presente de outro amigo e provavelmente tem uns vinte anos. À medida que a planta continua a crescer, suas folhas caem devido à idade ou aos movimentos ocasionais quando esbarramos nela ou a movimentamos. Várias vezes encontrei pequenas mudas e folhas murchas dessa planta enraizadas no solo de seu próprio vaso e em outros vasos ao seu redor. As folhas se rebelam e simplesmente se propagam sem a minha ajuda. Isso só mostra que, mesmo quando achamos que elas precisam ser mimadas com extremo cuidado para sobreviver e procriar, na verdade estão programadas para continuar com ou sem nós.

Compartilhe suas mudas

Manter suas mudas é uma ótima maneira de aumentar sua coleção, mas compartilhar suas mudas é uma ótima maneira de espalhar seu amor pelas plantas e levar alegria aos outros. As plantas favoritas da minha coleção são aquelas que me foram oferecidas como pequenas mudas e cresceram lentamente até se tornarem grandes plantas. Além de apreciar a beleza dessas plantas, também me lembro das histórias por trás delas. Se você decidir compartilhar algumas mudas, certifique-se de que elas estejam livres de doenças e pragas antes de entregá-las. Curiosidade: algumas espécies de plantas são patenteadas e não podem ser propagadas sem licença, portanto certifique-se de propagar e presentear plantas não patenteadas. Veja o capítulo "Crescendo juntos" para obter dicas sobre como se conectar com outras pessoas por meio da troca de plantas.

Propague, semeie e cultive um pouco de alegria, compartilhando essas mudas para criar um incrível efeito dominó de felicidade e bondade em toda a sua comunidade de plantas.

"AS SEMENTES JÁ VÊM COM O AMANHÃ EMBUTIDO NELAS."

— Dra. Sue Stuart Smith,
The Well-Gardened Mind
[Uma mente bem cuidada]

A estreia do Show da Semente

As sementes simbolizam mais que uma promessa de crescimento futuro; são também a nossa responsabilidade de nutrir tudo o que estamos semeando. Seu propósito na natureza se reflete em nossa vida e em nossa linguagem. As pessoas falam sobre "plantar a semente de uma ideia" ou "cultivar a semente da dúvida". Não há nada mais alegre do que segurar uma semente adormecida, colocá-la na terra e vê-la brotar com vida.

Craig LeHoullier teve essa alegria. Em um ato de bondade de amigo--planta, ele me enviou um envelope de sementes de microtomates depois que eu o entrevistei no meu *podcast* sobre seu livro *Epic Tomatoes* [Tomates épicos]. No meu pequeno apartamento em Nova York, com aquele pacotinho de sementes, consegui um assento na primeira fila do show mais antigo da Mãe Natureza: a germinação. Eu estava animada e um pouco nervosa para tentar com aquelas sementes, pois não queria que o doce gesto de Craig fosse em vão. Mas eu estava determinada e sabia que, apesar de não ter um caramanchão de jardim, ou outros equipamentos adequados para a semeadura, *o show deve continuar.*

Minha primeira experiência de semeadura pode ser comparada a uma produção teatral comunitária de orçamento extremamente baixo de *Garotos e garotas* [Guys and Dolls]: não seria aquela produção mais chamativa visualmente, de sucesso garantido, mas uma outra, realizada com muita emoção. O "canteiro de germinação" era uma caixa de ovos de plástico com buracos que eu abri com uma faca de serra. Depois que as sementes foram colocadas nos compartimentos dos ovos preenchidos com uma mistura úmida, embrulhei todo o conjunto em filme plástico e o coloquei sobre uma bolsa térmica que eu normalmente só usava para cólicas menstruais — e rezei. Aquelas sementes eram profissionais experientes. Minha produção de baixo orçamento não as assustou.

E eis que, depois de alguns dias aconchegantes na bolsa aquecida, começou o quadro de abertura do programa: minúsculos cotilédones pressionados contra o plástico me davam sinais para libertá-los. Eu os transferi para uma estante que eu tinha equipado com uma luz de cultivo para minhas plantas de interior, e o show continuou.

A dança que minhas mudas realizaram, apesar de estarem submersas, foi incrível. Elas ficavam completamente murchas, caídas no solo, então um copo de água as revivia rapidamente até ficarem em pé e se aquecerem ao sol (artificial). Eram como contorcionistas de circo. Eu deveria manter esse segredo comigo, mas às vezes eu até esperava um pouco demais para regá-las só para forçá-las a dar um bis. A trama se desenrolava diariamente: um espetáculo de folhas, depois outro. Logo o perfume inebriante e delicioso de folhas de tomate preencheu meu quarto.

Nesse ponto eu já estava viciada. Eu visitava minhas plantas todos os dias, verificava seu crescimento e ficava radiante de orgulho com o que eu havia cultivado em meu pequeno espaço. Naquela época, eu era tão ingênua que pensava que aquilo tinha algo a ver com a capacidade pré-programada de florescimento naquelas sementes. Mas agora eu entendo melhor essas coisas. Aquilo era seu talento natural.

Não demorou, e aquelas artistas verdes estavam prontas para o grande momento da estreia — não na Broadway, mas na minha sacada. Alinhadas como dançarinas de cancã, aquelas doces plantas tomaram o palco em seu esplendor sob os holofotes do Sol. Elas eram triplamente talentosas: tinham lindas folhas verdes, um aroma incrível e até estavam com flores. No outono, os pés murchavam e voltavam à terra, espalhando as sementes dos frutos não colhidos e criando a oportunidade de germinação para um bis no ano seguinte. Vivenciar esse ciclo de vida completo foi o maior prazer do meu verão — foi um sucesso de público imediato.

Cultive sementes, colha alegria

Dê um presente a si mesmo: ingressos para uma apresentação dessas grandes estrelas pelo preço de um pacote de sementes de cinco reais. Escolha uma planta sobre a qual tenha curiosidade, leia as instruções de plantio e comece seu cultivo.

Cave mais fundo

Você é um jardim em constante evolução e mudanças, amigo-planta. Todos nós temos uma grande variedade de "sementes" em nosso interior; nossa germinação, nosso crescimento e nossos ciclos de vida são diferentes, mas tudo está perfeitamente sincronizado com o escopo da nossa vida. Alguns ciclos são anuais, alguns são perenes; alguns são cultivados pela beleza, outros pela função; alguns atraem pragas, outros não, e alguns prosperam de uma maneira além da nossa imaginação. Sementes de sucesso, alegria e amor estão esperando para germinar no momento exato a que estavam destinadas.

Dê um tempo com suas plantas e reflita sobre as "sementes" da sua vida: sua carreira, relacionamentos, amizades, saúde mental ou física. Concentre-se em uma área de crescimento em potencial e considere:

- Qual é a sua visão para essa "semente"? O que ela vai ser quando crescer? Defina os parâmetros desse sucesso para que você entenda a direção na qual você está crescendo.
- Sementes levam tempo para crescer! Algumas podem disparar durante a noite, e outras podem se abrir apenas depois de um longo tempo. O que o está deixando impaciente no momento? Você consegue reprogramar sua ansiedade e se fixar no fato de que tudo está acontecendo exatamente como deveria ser?

Crie mais plantas, cultive mais alegria   127

- Como você pode nutrir essa área de potencial — talvez como se fosse cuidar de uma muda, com água, luz solar e amor? Invente três passos decisivos que você pode dar para se aproximar mais de onde gostaria de estar.

O poder das flores

Um dos presentes mais importantes que já recebi foi um buquê de flores silvestres escolhido a dedo por Billy, no dia do nosso primeiro casamento. Depois de ficarmos noivos em 2019, estávamos muito animados para nos casar em setembro de 2020. A pandemia de covid-19 tinha outros planos, e fomos forçados a remarcar. A decisão de adiar foi estressante, e essa época da vida foi repleta de muitas lágrimas e medo sobre o que fazer em relação ao nosso "grande dia".

Na data original do nosso casamento, Billy e eu alugamos um chalé em uma ilha remota do Maine para ficarmos sozinhos e dar espaço para quaisquer sentimentos que surgissem. Decidimos fazer uma cerimônia de compromisso na praia, só nós dois, para honrar nossos planos originais. Antes da "cerimônia", Billy saiu por alguns minutos e voltou com um buquê vibrante de flores silvestres e outras ervas que ele encontrou pela ilha. Era muito mais bonito do que qualquer buquê que eu poderia ter encomendado a um florista, porque havia sido feito por ele, para mim, com amor.

Descalços na areia, fizemos juras de amor um ao outro em nossa cerimônia improvisada, e eu segurei o buquê, embrulhado em um guardanapo de pano trazido de nossa cabana. Foi um presente doce e simples, mas também um símbolo que formalizou nossa troca de votos. Mesmo sem nenhum sacerdote ou ministro, nenhum vestido de noiva ou entes queridos por perto, as flores me deram aquela sensação de noiva caprichosa que toda mulher

gosta de ter quando imagina a cena do próprio casamento. Sou grata por aquele maço de flores que me fizeram sentir como uma verdadeira noiva, mesmo que eu não pudesse ter o casamento que imaginei.

Flores fazem as pessoas felizes. Somos programados para amá-las, simples assim. Talvez seja porque, do ponto de vista evolutivo, ao ver uma flor, sabíamos que ela se desenvolveria em algo comestível, ou que o doce mel feito por suas polinizadoras deveria estar por perto. Seja qual for o motivo — conhecido ou desconhecido —, as flores são pequenas bombas de alegria esperando para ser colhidas ou cultivadas. Cultivamos flores há mais de cinco mil anos,[1] e a crescente indústria de flores é a prova viva de que os humanos continuam a usar flores para trazer alegria às suas vidas e até mesmo para se comunicar com os outros. Enviamos buquês de parabéns, simpatia e "só porque sim", e curtimos o momento em que nossa orquídea ou nossa violeta-africana mostra sinais de floração. Sigmund Freud, um amante de orquídeas,[2] disse: "O prazer da beleza tem uma qualidade de sentimento peculiar e levemente intoxicante. A beleza não tem utilidade óbvia; nem há qualquer necessidade cultural clara para isso. No entanto, a civilização não poderia prescindir dela". Eu concordo.

Se você deseja cultivar mais alegria em sua vida, as flores são uma ótima maneira para isso. Continue florescendo, meu amor.

Maneiras de cultivar alegria com flores

Apoie sua floricultura, hortifrúti ou agricultores locais comprando um buquê de flores da estação.

Um pequeno ramalhete faz qualquer ambiente parecer mais fresco e traz um sorriso ao seu rosto. Desenvolver um relacionamento com seu florista local também é uma maneira maravilhosa de cultivar raízes mais profundas em sua comunidade. Quando eu morava em Long Island City, fiz amizade com meus floristas locais (um viva para os caras da fLorEsta, em LIC), que se tornaram fontes maravilhosas de conhecimento em minha jornada de maternidade vegetal. Eles me ensinaram sobre drenagem e a importância da mistura de alta qualidade nos vasos, e saciaram minha obsessão por colecionar suculentas quando eu estava começando.

Um dia passei para comprar algumas suculentas, e o dono me mandou para casa com um vaso solitário com uma única flor como presente. Assim que a flor murchou, voltei para comprar outra para substituí-la. Adquiri o hábito de passar na loja no caminho de casa para o metrô, para ver quais flores estavam na estação que eu poderia colocar naquele vaso. Como eu comprava apenas uma flor de cada vez, aquele era um deleite extremamente acessível, muitas vezes mais barato que um *latte* no meu café local, e a flor me daria contentamento durante toda a semana, pois ficava alegremente no balcão da minha cozinha.

Dê um buquê a alguém

Sabemos da felicidade que manter flores em sua casa pode trazer, então por que não espalhar o amor pelas plantas e presentear uma amiga com um buquê para alegrar o dia dela? Ela vai pensar em você toda vez que olhar para o seu pequeno vaso de raios de sol. Tente adicionar uma mensagem ao seu buquê "só porque sim" e compartilhe uma lembrança boba, algo que você aprecia naquela pessoa ou até mesmo um verso.

Cultive plantas que dão flores!

Orquídeas, violetas-africanas e hoyas são um ótimo ponto para começar. *Hoya* é um gênero vegetal incrível, com mais de duzentas espécies diferentes, cada uma com flores únicas em uma variedade de formas, cores e aromas. As hoyas são comumente chamadas de porcelana ou de planta-de-cera, pois suas flores brilhantes parecem feitas de cera e são quase irreais. As violetas-africanas são outra opção fantástica para plantas que florescem dentro de casa. Herdei uma violeta-africana de um amigo, e ela se manteve florida por mais de um ano. No dia em que vi o aglomerado de botões no centro de suas folhas aveludadas, fiquei tão animada que pensei que minha cabeça fosse explodir. A planta então nos presenteou com o mais lindo buquê de flores roxo-prateadas, e refloresceu muitas outras vezes.

Não saber quando as flores se abrirão é um exercício de antecipação bem divertido, e a recompensa é impressionante e sempre vale a espera. As orquídeas têm tudo: lindas flores de todas as formas, tamanhos e cores, aromas inebriantes que nos lembram diversos outros perfumes e belas folhagens com raízes rebeldes que são uma delícia de olhar, mesmo quando a planta não está em flor. As orquídeas são uma ótima opção para O curioso papai-planta colecionador, sobre o qual você aprenderá em breve. Eu tenho 101 guias de cuidados para hoya, violetas-africanas e orquídeas no *podcast Bloom and Grow Radio* se você se sentir inspirado a tentar cultivá-las![3]

Cultive bulbos em casa para combater o frio do inverno

O inverno pode ser uma bela chatice. Os dias são mais curtos, há menos luz, a motivação se esvai e o crescimento da folhagem de muitas das nossas plantas diminui. Algumas até perdem suas folhas e ficam adormecidas. Para os papais-planta que esperam ansiosos pelo crescimento e pelas flores, é fácil sentir-se estagnado nos meses de inverno. Cultivar bulbos dentro de casa é, sem dúvida, o melhor destruidor das tristezas do inverno que já vi. Eu só penso no momento em que os vasos de amarílis chegarão às lojas de todo o país antes das festas de final de ano. Adoro colocar narcisos em vasos transparentes para ver raízes e brotos passarem por uma rápida expansão.

Para um "caso de sucesso" no melhor estilo primaveril, bem no meio da estação mais vagarosa, a resposta é: bulbos. Alguns bulbos requerem períodos frios para desenvolver seus botões, o que pode ser um pouco confuso e de maior demanda de esforço para iniciantes. Se for sua primeira vez com o boné de plantador de bulbos, recomendo pegar um vaso de amarílis, narcisos ou jacintos que já esteja brotando. Essas plantas são encontradas em vasos comuns durante suas épocas em supermercados, shoppings de jardinagem ou floriculturas. Procure por bulbos plantados em vasos de terra ou em água que já estejam desenvolvendo botões de flores que ainda não se abriram.

Embora seja difícil resistir a escolher os lindos vasos floridos na loja, vivenciar todo o ciclo de vida da flor é uma experiência grandiosa, e escolher os vasos que ainda não floresceram será o ingresso para um passeio mais longo e feliz. Você também pode negociar consigo mesmo e escolher um que já tenha vários brotos em diferentes estados de floração — o que é uma metáfora para a própria vida, certo?

Cave mais fundo

Uma das razões pelas quais as flores acrescentam à nossa vida uma das aquisições mais belas é que elas resguardam sua beleza em cada estágio de desenvolvimento. Todos nós amamos a glória de uma flor em seu auge, mas os botões, com suas nuances de cor, ou as flores já quase mortas, com suas pétalas soltas e caídas como obras de arte, são adoráveis por si mesmos.

Dê um tempo com suas plantas e pense em como você pode apreciar cada estágio de "desabrochamento" em sua vida — desde os botões ainda bem comprimidos e cheios de possibilidades, as cores alegres de sonhos plenamente realizados, até a beleza caótica das coisas boas que começaram a desaparecer.

Plantas + A Casa

Nossas casas estão cheias de objetos inanimados: móveis, eletrônicos, roupas em armários. Com o tempo, nossos espaços sagrados podem começar a parecer obsoletos e a perder a inspiração. As plantas são uma ótima solução para esse problema, pois trazem vida em constante evolução ao nosso espaço e nos lembram de que o crescimento e o cultivo são movimentos diários.

Nada ilustra melhor a importância de termos plantas dentro de casa para refrescar as coisas do que o design biofílico.

Biofilia e design biofílico

O conceito de biofilia é um dos pilares da conexão planta/pessoa, popularizado por E. O. Wilson, um entomologista de Harvard, na década de 1980, mas introduzido pela primeira vez pelo psicólogo Erich Fromm nos anos 1970. O conceito foi descrito por Fromm como "um amor apaixonado pela vida e por tudo o que está vivo". Wilson definiu a biofilia como "a associação emocional inata dos seres humanos a outros organismos vivos".

Eu me rendo. Pense nisso: nós mesmos estamos vivos, então nos relacionamos instintivamente com outras coisas vivas. Além disso, os humanos foram criados e evoluíram na natureza. Estamos programados para ficar à vontade em ambientes naturais. Anos de uso da tecnologia e da vida urbana podem ter nos deixado um pouco desconectados dela, mas, amigo-planta, o instinto não foi embora, está dentro de você. Há uma razão pela qual sentimos aquela onda de relaxamento no corpo inteiro, da cabeça aos pés, quando ouvimos um riacho cochichando ou o fogo crepitando, ou quando estamos cercados por uma vegetação verdejante. É a biofilia. Ela é incrível.

Preste mais atenção a como você se sente quando está na natureza, ou quando passa algum tempo com suas plantas — e você também se renderá.

O design biofílico é uma forma de incorporar o mundo natural em nossos espaços internos, levando o conceito de biofilia um passo à frente ao identificar essa conexão intrínseca entre humanos e natureza e o imenso benefício que obtemos quando essa ligação é levada em conta no design dos espaços que habitamos. Não estamos falando apenas de colocar lindas almofadas com estampas florais, mas também de considerar a arquitetura e os materiais de uma construção, a posição das janelas e muito mais, tudo para criar melhores oportunidades para que seus usuários experimentem benefícios similares a estar do lado de fora.

Sou eternamente grata à Terrapin Bright Green, LLC, por publicar *14 Principles of Biophilic Design* [14 princípios do design biofílico], um detalhamento incrível e abrangente de tudo sobre o design biofílico, em todas as suas dimensões. Quando li esse relatório, passei a olhar para cada canto de cada cômodo da minha casa como uma oportunidade de mesclar o exterior e o interior.

Depois que comecei a aplicar esses princípios, meu *home office* abafado cheio de telas brilhantes e paredes sem janelas se transformou em um refúgio de plantas com uma parede verde viva, uma mesa de madeira natural, um pé de dracena (*Dracaena* spp.) de cada lado do meu monitor e uma *playlist* de sons da natureza como pano de fundo para o meu dia de trabalho. Meu quarto agora é um oásis restaurador, com plantas ao redor da minha cama que me permitem acordar com uma selva de folhas de costela-de-adão em vez do brilho da tela do meu celular. Minha cozinha tem uma horta de ervas frescas que envolvem todos os meus sentidos na preparação e na conexão com minha culinária e minhas bebidas: seja colher a hortelá, respirar seu aroma fresco, misturá-la ao meu suco verde ou amassá-la em um mojito.

Agora que tantos estudos têm comprovado que o design biofílico em escritórios pode diminuir o estresse e aumentar o bem-estar dos funcionários, vemos edifícios inspiradores como o Seattle Spheres, da Amazon. Esses terrários em tamanho natural, recheados com mais de quarenta mil plantas, são um paraíso para os trabalhadores fazerem suas reuniões ou suas pausas para relaxar. Tive a sorte de visitar o Spheres, e é difícil descrever a sensação avassaladora de prazer que nos envolve quando entramos nele. Cingapura pode se gabar de ter quase 50% da sua cidade de setecentos quilômetros quadrados "sob cobertura verde".[1] Ela também é o lar do Parkroyal Collection, na Pickering, um "hotel-conceito dentro de um jardim" cujo exterior se parece com um oásis tropical.

Os conceitos do design biofílico podem ser aplicados em qualquer escala: desde um pequeno escritório em casa até um prédio comercial. Vamos falar sobre como você pode usar esses conceitos de duas maneiras práticas — em seu escritório e em sua casa — para cultivar mais alegria ao longo do dia.

Leve plantas ao seu local de trabalho

O local de trabalho é onde passamos a maior parte do nosso estresse e onde gastamos a maior parte do nosso tempo. Então, que tal usar plantas para diminuir o estresse e aumentar a felicidade ao longo de nossos dias de trabalho? Não importa se o seu local de trabalho fica em um cantinho do seu apartamento ou que seja um escritório tradicional com janelas.

As plantas podem ser colegas de trabalho fantásticas: elas estão sempre

AS PLANTAS PODEM SER
FANTÁSTICAS COLEGAS DE TRABALHO

Plantas + A Casa   139

disponíveis para ouvir ou fazer uma pausa, e nunca nos dão respostas passivo-agressivas. Independentemente de você ir ou não para o escritório, provavelmente passará grande parte do seu dia (até onze horas) olhando para uma tela, o que é um "não definitivo" quando se trata de cultivar alegria durante um dia de trabalho inteiro.

Um estudo global[2] relata que trabalhadores em ambientes com elementos naturais, como vegetação e luz solar, se beneficiam de um nível de bem-estar 15% maior, têm um aumento de 6% na produtividade e criatividade 15% mais ampla. Rapaz! Os cinco principais elementos que os trabalhadores desejam em um escritório são, em ordem: luz natural, plantas, um local de trabalho silencioso, vista para o mar e cores vivas. Eu aposto que você pode melhorar pelo menos um desses elementos em sua configuração de trabalho atual.

Dicas para cultivar a alegria no seu escritório verdejante

1. **Coloque plantas até onde sua vista alcança.** É simples assim. Faça com que haja uma amiga-planta em todo o seu entorno, acenando para você com suas folhas, torcendo por você em suas reuniões e prazos de entrega. Eu tenho plantas ao lado do monitor do meu computador e plantas na estante atrás de mim. Elas formam um cenário sensacional para as videoconferências. Isso significa que estou próxima da natureza durante todo o meu dia de trabalho, e elas me dão muitos lembretes para fazer uma pausa das telas e me envolver com elas.

2. **Faça micropausas de tela com suas plantas.** Se você é um dos quase dois terços dos norte-americanos que relatam ter fadiga ocular digital, os médicos recomendam, além de usar telas e fontes de letras maiores, fazer pausas de quarenta segundos a cada vinte minutos. Passe quarenta

segundos olhando para objetos mais distantes, idealmente a seis metros, para que seus olhos descansem de olhar diretamente para a tela o dia todo.[3] Se não é possível ter uma distância assim dentro do seu escritório, cultive um belo padrão de folhas diversificadas em toda a sala para que você consiga se desconectar da tela e deixar seus olhos absorver essa beleza natural durante o microintervalo.

3. **Mude sua mesa para perto de uma janela.** A maneira mais fácil de se conectar com a natureza dentro de casa é simplesmente olhar para ela.[4] Posicionar sua mesa contra uma janela com vista para a natureza permite que seus olhos descansem focando em árvores a diferentes distâncias e, muito mais importante, lhe dá a oportunidade de ficar espionando pessoas desconhecidas no parque ao lado. No design biofílico, existe um conceito chamado "estímulos sensoriais não rítmicos", semelhantes àqueles belos momentos de fascínio e atenção involuntária de que falamos anteriormente. Isso basicamente quer dizer que é bom ter coisas aleatórias e imprevisíveis acontecendo ao seu redor, como nuvens passando, plantas farfalhando ou insetos se movendo. Isso é difícil de replicar em ambientes fechados, mas, ao empurrar sua mesa para perto de uma janela, você tem a oportunidade de sentir as mudanças climáticas, ver os polinizadores voando de flor em flor do caixilho da sua janela e observar a beleza do vento remexendo a copa das árvores.

- Se você trabalha em casa, instale um comedouro de pássaros do lado de fora da janela do escritório. Esta é uma maneira maravilhosa para permitir que os pássaros locais o surpreendam e o encantem com voos, comportamentos engraçados e seu canto ao longo do dia de trabalho.

4. **Use seu espaço vertical.** Na maioria dos escritórios, sejam configurações de trabalho em casa ou cubículos padrão, não sobra muito espaço disponível no chão ou na mesa. Para trazer plantas para seu espaço sem abrir mão do valioso espaço horizontal, pendure plantas nas paredes, nas janelas ou até mesmo instale luzes de cultivo (você pode comprar molduras prontas com luzes de cultivo acopladas), para fazer com que suas plantas se pareçam com obras de arte à sua volta. Confira as indicações de alguns plantadores e produtos suspensos recomendados no final do livro.

5. **Ouça a natureza.** Lembre-se de todas as dicas do capítulo "Envolva seus sentidos". Aplique-as! Faça a trilha sonora do seu dia de trabalho com sons de suas cenas favoritas da natureza, sejam ondas quebrando na praia ou uma tempestade na floresta tropical. Se puder, instale uma pequena fonte de água e aproveite o som relaxante da corredeira para se sentir como se estivesse na floresta enquanto tenta cumprir seu próximo prazo de entrega.

6. **Inale aromas transcendentais.** Difunda óleos botânicos em seu escritório para simular as vibrações constantes da floresta ou para um estímulo extra no meio da tarde. Eu tenho uma seleção de hinoki, lavanda e eucalipto e misturo e os combino dependendo do humor em que estou no início do meu dia de trabalho.

7. **Natureza não viva.** Se plantas vivas que requerem água e solo perto de seu computador caro não são sua praia, eu entendo totalmente. Embora meu conselho seja priorizar o

Plantas + A Casa 143

real sobre as coisas falsas, as plantas artificiais são melhores do que nada. Mesmo sem poder cultivar plantas, é possível colher os benefícios emocionais e cognitivos de outros aspectos do design biofílico.

    a. Aqui estão algumas ideias não vivas para seu espaço de trabalho:
   - i. arte que representa a natureza, plantas ou um local ao ar livre que seja relaxante;
   - ii. gravuras botânicas ou papel de parede;
   - iii. imagens detalhadas da floresta ou de cenas naturais nas quais você pode se perder;
   - iv. um terrário fechado com uma paisagem que desperte o seu sorriso;
   - v. uma mesa de material natural como madeira ou pedra;
   - vi. flores secas ou flores em um vaso.

7. **Faça pausas restauradoras.** Use as habilidades que você aprendeu nas seções "Dê um tempo" do livro e aplique-as ao longo do seu dia de trabalho. Defina o *timer* do seu celular para lembrar de se envolver com a natureza uma vez por hora. Seja fazendo uma pausa rápida da tela para olhar uma planta ou pela janela, limpar a poeira das folhas, inalar um óleo essencial, dar uma rápida caminhada ao ar livre ou cuidar de uma planta, faça uma pausa para se alongar, se reorientar e praticar estar presente com suas plantas para encontrar mais atenção plena em seu dia.

Nota: Certifique-se de escolher plantas adequadas à iluminação e ao ambiente do seu escritório. Visite o Apêndice no final deste livro para saber mais.

Enraíze-se em um cantinho restaurador

Pronto, amigo-planta, chegou a hora de criar seu recanto restaurador. Esse lugar é onde tudo o que aprendemos até agora nos trouxe para criar um lindo recanto verdejante. É aqui que você poderá aplicar as práticas de *Cultivando Alegria* para trazer um pouco de tranquilidade e prazer mais perenes à sua vida, projetando estrategicamente uma área com plantas em sua casa.

Um recanto restaurador é um lugar no qual você pode se desconectar das telas e das ocupações e se reconectar consigo mesmo na companhia de suas plantas. Seu recanto é um lugar sagrado para se reorganizar, realinhar e se afastar dos infinitos estressores e das suas obrigações da vida diária. O recanto restaurador de cada um de nós será diferente dependendo da estética, do tamanho da casa, da coleção de plantas e do estilo de vida, mas sempre será um pequeno canto ou uma sala inteira, uma área modelada para chamar de sua; um lugar para se dedicar a uma vida focada e restauradora, mudando toda a configuração do tabuleiro da sua vida.

Na teoria da Restauração da Atenção, os Kaplan falam sobre quatro componentes do ambiente que são ótimas inspirações na hora de pensar no espaço restaurador que se deseja criar. Veja a seguir seus conceitos originais e minhas sugestões de ideias sobre como traduzi-los em seu espaço pessoal.

"**Estar longe:** ser literalmente removido, física ou conceitualmente, do ambiente cotidiano."

- Em qual lugar da sua casa você pode criar um cantinho para você? Escolha um quarto, ou mesmo um cantinho, que você possa chamar de seu. Talvez seja uma simples cadeira confortável no canto do seu quarto, uma parte do seu porão iluminada com luzes de cultivo ou um quarto de hóspedes desabitado. Seu recanto também pode estar fora da sua casa, talvez em uma varanda ou no seu quintal. Seja criativo!

- Falta espaço? Sem problemas. Olha, nem todo mundo tem espaço em casa para se dedicar a essa tarefa. Eu entendo. Então vamos tentar em miniatura! Vamos criar um mundo restaurador em um terrário capaz de transportá-lo toda vez que você olhar para dentro dele. Mantenha-o em sua mesa ou onde quiser para criar um lugar de paz e beleza. Deixe sua imaginação correr livre dentro dos limites daquela pequena garrafa de vidro. Você pode escolher o estilo de cena que quiser, seja uma pequena floresta, uma paisagem desértica ou uma praia, e selecionar as plantas de acordo. Confira as dicas no final deste livro para guias de terrário.[5]

"**Fascinação:** conter padrões que prendam a atenção sem esforço."

- Ao projetar seu recanto, incorpore elementos da natureza de que você goste muito. Escolha uma variedade de plantas com padrões de folhas interessantes para mantê-lo encantado. Adicione fotografias de fractais ou escolha uma janela com vista para a natureza, para que você possa observar o voo dos pássaros e dos polinizadores.
- Misture! Outra maneira de estimular o encanto é criar um visual mesclado em seu cantinho. Em vez de ser um local estático, pense em criar um espaço sempre em evolução e crescimento. Tente trocar as plantas, mudar a maneira como você as arrumou ou colocar imagens diferentes nas molduras nas paredes. Uma maneira fácil de fazer isso é adaptar seu espaço ao ritmo natural das estações do ano — dessa forma, ele sempre parecerá visualmente interessante.

"**Extensão:** ter escopo e coerência que permitam um engajamento mais duradouro."

- Isso pode ser complicado, porque não se pode simplesmente encher uma casa com mil plantas. Experimente e projete seu espaço restaurador para receber vários elementos diferentes e ainda assim manter um espaço envolvente por períodos de tempo mais longos.

"**Compatibilidade:** adequar e buscar o que se deseja ou o que se está inclinado a fazer."[6]

- A "compatibilidade" é o segredo para cultivar alegria com as plantas. Algumas pessoas se divertem ao ver tomateiros passar das flores aos frutos em seus jardins; outras se deleitam com aráceas incomuns e gigantescas que dão um ar de selva pré-histórica a qualquer casa. Algumas simplesmente querem plantas que sejam difíceis de ser "assassinadas". É simples: escolha aquelas que você ama e se cerque com elas!

Usando esses quatro pilares para um espaço restaurador, pense em quais elementos naturais se alinham mais com você e sonhe com seu ambiente ideal.

Dicas para construir e enraizar seu ambiente restaurador

- Livre-se das telas. Tente o seu melhor para deixar celulares, telas e distrações longe deste espaço sagrado. Trate seu recanto restaurador como um santuário. Isso servirá de

Plantas + A Casa   147

treinamento para ficar com uma mente relaxada desde o minuto em que você entrar para usufruir daquela experiência "longe de tudo" que normalmente reservamos para férias com bons drinques.

- Certifique-se de ter um lugar confortável para sentar e relaxar entre suas amigas verdes.
- Use diferentes tipos de plantas em seu espaço para que você possa apreciar diferentes padrões de folhas. Deixe seus olhos flutuar pelo espaço até pousarem em diferentes padrões e formas, e deixe que uma "suave fascinação" tome conta de você. Vai ficar surpreso ao entender como é bom ter um espaço próprio para simplesmente focar no detalhe de uma folha e se afastar até ver seus padrões ou observar como a luz se move através delas.
- Toque sua música favorita ou teste algumas trilhas sonoras da natureza.
- Escolha cores e texturas que você ama. Do ponto de vista do design biofílico, os tons de terra o manterão *zen*. Mas escolher uma cor é algo muito pessoal, então, se você gosta de cores brilhantes e elas te fazem feliz, vá em frente!

Ao longo do tempo, seu espaço e o que você acha restaurador vão mudar, mas tudo bem.

Seja como for o planejamento do seu espaço ou as limitações que você tenha, tente se cercar de plantas que estejam lhe dando alegria no momento. Seu espaço vai mudar e crescer à medida que você também muda e cresce. Eu morei em três casas desde que comecei com o *hobby* de cuidar de plantas, e meus espaços restauradores sempre foram diferentes em cada residência com base nos limites de espaço e nos meus gostos naquele momento — tudo, desde a minha primeira pequena varanda até o *loft* cheio de plantas onde escrevi este livro.

Outras opções para o seu espaço restaurador

- Uma área em seu quarto.
- Um canto perto do seu sofá.
- Uma varanda ou um quintal (para aqueles sortudos que moram em lugares onde é possível ter plantas ao ar livre o ano todo).
- Uma área não utilizada em seu porão ou sótão.
- Um jardim.

Maneiras de relaxar em seu espaço restaurador

- Mantenha um diário de gratidão.
- Toque suas músicas favoritas.
- Ligue para o seu melhor amigo (é uma violação da regra da tela, mas conectar-se com pessoas que você ama é uma boa exceção).
- Escreva para se entender melhor:
  - Pergunte-se sobre algo que está incomodando você.
  - Respire três vezes profundamente para clarear sua mente, coloque a caneta no papel e escreva, deixe sua consciência fluir.
  - Depois de terminar de escrever, escreva "Por quê?".
  - Respire mais três vezes e permita-se responder.
  - Depois de terminar de responder, escreva "Por quê?" e reinicie o processo, indo cada vez mais fundo à medida que você vai se aprimorando a

Plantas + A Casa 149

cada dificuldade. Iniciar um diálogo consigo mesmo pode ser irritante, mas é uma excelente maneira de cultivar um relacionamento mais profundo com seu verdadeiro eu.

- Leia um livro. The Overstory, de Richard Powers, mudará a maneira como você vê as árvores e a humanidade.
- Leia poesia. Ross Gay é meu poeta-planta favorito; ele escreve sobre jardins e a vida. Eu gosto de dizer "Um poema de Ross Gay por dia mantém a tristeza afastada".
- Meditar. Faça as práticas de respiração da seção "Dê um tempo", use um aplicativo de meditação ou tente alguns exercícios de respiração — se você quiser dar mais espaço e calma para sua mente, vá em frente.
- Convide um amigo para dar boas risadas ou ter uma conversa profunda. Tente ficar longe das suas telas e mergulhe fundo para aproveitar a verdadeira alegria que uma boa amizade traz.

Crie um oásis exuberante no seu banheiro!

Eu tinha um banheiro com janela no meu quadro de referências desde que comecei a cuidar de plantas. Somente nova-iorquinos entendem a realidade de não ter banheiros com janela. Parece uma coisa natural, mas não em Nova York. É algo muito sedutor encher seu banheiro com plantas e apreciá-las enquanto você toma banho. Se você gosta de tomar banhos de banheira, coloque plantas exuberantes em volta da sua banheira. É uma maneira simples de atrair as vibrações restauradoras da selva à sua rotina.

Se você não tem uma janela no banheiro, inspire-se em meu amigo Darryl Cheng, autor de *The New Plant Parent* [O novo papai-planta], que "hackeou" seu banheiro e o transformou em uma picada na selva. Darryl configurou luzes de cultivo e temporizadores que acendem à noite enquanto ele dorme para manter suas plantas felizes (que também são ótimas para aquelas idas ao banheiro à meia-noite). Nota: Usar luzes de cultivo em banheiros pode ser perigoso, portanto certifique-se de ler corretamente o manual de instalação e de manter a fiação longe de qualquer fonte de água.

Conheça a si mesmo, floresça

Qual é a sua personalidade de papai-planta?

Quando se trata de cuidar das plantas, a ideia é aumentar a alegria e não o estresse, portanto você precisa fazer com que sua coleção de plantas seja adequada para você. Uma das perguntas mais frequentes que ouço é "Qual é a melhor planta para um iniciante começar a cultivar?". Minha resposta é: "Isso não existe". Assim como não existe um animal de estimação certo para todos, não acredito que exista uma única resposta para a "a primeira grande planta". É tudo uma questão de escolher a planta certa para sua personalidade, seu ambiente e seu estilo de vida.

Nos meus dias como assassina de plantas, eu trazia para casa as plantas erradas para o meu espaço e o meu estilo de vida, e comecei a matá-las porque elas não funcionavam para mim. Minhas tendências como assassina de plantas eram uma fonte de constrangimento e estresse — exatamente o oposto da alegria. Para mudar essa dinâmica, tive de namorar diferentes tipos de plantas até encontrar aquelas que se adequavam à minha casa e me ajudavam a reduzir meus níveis de estresse diário, em vez de aumentá-los.

Como adoro testes de personalidade, sempre fui fascinada por arquétipos de personalidade e como eles se manifestam em pessoas distintas. Ao longo dos meus anos de *podcasting* sobre cuidados com as plantas, interagi com milhares de ouvintes em todo o mundo e notei que diferentes arquétipos de personalidade correspondem a estilos de vida distintos. Criei o Questionário de Personalidade dos Papais-Planta no meu site para ajudar a avaliar com precisão que tipo de pessoa-planta cada um é e direcioná-las para curadorias de plantas apropriadas, projetos de "faça você mesmo" e fontes educacionais gratuitas sob medida para cada indivíduo.

Aqui está uma visão geral de cada personalidade. Leia todas elas e sinta a que mais ecoa em você. Então incorpore essas lições em sua vida! Se você quiser se aprofundar e desbloquear todo o seu potencial de papais-planta, além de obter uma lista mais longa de plantas recomendadas e recursos de aprendizado gratuito, descubra qual o seu perfil de personalidade gratuitamente em bloomandgrowradio.com/personality.

Papais-planta conscientes

Para ser papais-planta consciente, é preciso estar imerso nas práticas de *Cultivando Alegria* desde a primeira página! Você vai adorar se envolver com suas plantas diariamente com a intenção de melhorar sua presença e a atenção plena em sua vida diária. Seja incorporando plantas em sua rotina matinal, usando-as durante as meditações do meio-dia ou relaxando com elas à noite, você está receptivo e pronto.

Você arrasa: com sua consistência, criando espaço e tempo para se envolver com suas plantas e aprendendo com curiosidade todas as lições que uma planta pode lhe ensinar.

Você pode estar com problemas: de excesso de água. Por gostar de cuidar das suas plantas, você está propenso a *amá-las em excesso*. Quando você se envolve com suas plantas diariamente, é fácil pegar o regador para sentir que está ajudando, mas muito poucas plantas requerem rega diária. Certifique-se de manter suas plantas em uma mistura para vasos leve e arejada, com muita drenagem. Entenda seus requisitos de cuidados e cumpra-os. Nunca coloque sua vontade à frente dos requisitos de cuidados de uma planta. Há muitas maneiras de interagir com elas *sem* regá-las, então siga-as à risca e tudo ficará lindo.

Experimente estas plantas: qualquer tipo de planta que goste de umidade será sua amiga, porque ela está sempre pronta a receber mais carinho e cuidados do que as que exigem períodos de seca. Experimente orquídeas, samambaias, plantas-de-oração (família das marantáceas, em sua maioria folhagens rasteiras tropicais), violetas-africanas, ervas, begônias ou plantas aéreas (*Tillandsia* spp).

Experimente estas práticas
para *Cultivar alegria*

- Veja a lista de diferentes maneiras de se envolver com suas plantas além de regar no capítulo "Enraizado na rotina" (consulte a página 23).
- Divirta-se com os exercícios do capítulo "Plante sementes de deleite" (consulte a página 87) para aumentar sua concentração e sua conexão com suas amigas verdes vivas.
- Por ficar tão conectado à sua coleção de plantas, perder uma planta pode ser difícil. Quando e se isso acontecer, certifique-se de ler a seção "Sobre a morte das plantas" (consulte a página 165).

Papais-planta e a baixa manutenção

Ao acordarmos para viver o dia, geralmente temos milhões de demandas. Você adora ter plantas em casa, mas não tem muito tempo para se dedicar aos seus cuidados. Você aprecia as plantas como peças vivas de decoração em sua casa. Você adora tê-las em seu ambiente para ajudá-lo a relaxar e se reconectar com a natureza nos raros momentos em que consegue fazer uma pausa e descontrair, mas também é necessária uma rotina de cuidados de baixa manutenção para que você não se estresse ainda mais com sua agenda.

Você arrasa: apreciando a alegria que as plantas podem trazer para sua casa e dando às suas plantas o tempo e o espaço de que precisam para crescer em seu próprio ritmo.

Você pode estar com problemas: ao esquecer sua rotina de cuidados com as plantas e se esquecer de regar uma ou duas plantas em certos momentos. Pode ser útil definir lembretes semanais e mensais para que você possa verificar suas plantas e garantir que elas estejam regadas e felizes. **Experimente estas plantas:** plantas de baixa manutenção e tolerantes à seca serão suas melhores amigas. Você também pode tentar usar configurações hidropônicas passivas ou canteiros autoirrigáveis. Experimente espadas-de-são-jorge, haworthias (uma espécie de suculenta), planta ZZ (zamioculcas – conhecida como a planta da sorte e da prosperidade), hoya ou uma dracena pau-d'água.

Experimente estas práticas
para *Cultivar alegria*:

- Reserve um tempo de autocuidado para si em sua agenda, cuidando das plantas. Assim que bloquear seus horários, comprometa-se com eles! Tente o banho de floresta (consulte a página 46) e deixe para trás sua lista de tarefas e seus dispositivos eletrônicos para realmente se conectar com a natureza e ter algum "tempo para você". Se você viaja muito, tente encontrar tempo para visitar parques e jardins botânicos locais para colher os benefícios de estar com plantas mesmo quando não estiver em casa.
- Tente uma configuração hidropônica para suas plantas (consulte a seção "Jardim hidropônico", na página 79).
- Vá ao capítulo "Plantas + A Casa" (consulte a página 135) para conhecer maneiras divertidas de incorporar uma

decoração inspirada em plantas em seu ambiente sem precisar usar plantas vivas.

O curioso papai-planta colecionador

Para você, as plantas são como Pokémon: tem de pegar todas! Vamos encontrar você camuflado no meio da sua selva doméstica de plantas raras e malucas, ou vasculhando a internet em busca das plantas mais extravagantes, mais desejadas e mais prontas para ser fotografadas e divulgadas. Nenhuma planta é estranha demais, rara demais ou cara demais (dentro de um parâmetro racional) para você experimentar! Você está constantemente procurando maneiras de se tornar um papai-planta melhor: tentando novos modos de cultivo, vasos, técnicas de irrigação e famílias de plantas para ver quais prosperam melhor em sua casa. Você adora trazer novas plantas para seu espaço e nutri--las. Você está superorgulhoso da sua coleção incrivelmente variada e única.

Você arrasa: experimentando, sendo sempre curioso e aprendendo sobre o mundo selvagem das plantas.

Você pode estar com problemas: para aumentar sua coleção a um ritmo saudável e sustentável. Tenha cuidado para não se sobrecarregar com muitas plantas novas de uma só vez. Concentre-se na introdução de plantas em um ritmo constante. Certifique-se de saber como cuidar das plantas que você já tem antes de trazer mais!

Experimente estas plantas: mergulhe profundamente na busca de novas espécies de um gênero, como *Hoya*, *Philodendron* ou *Calathea*.

Experimente estas práticas para *Cultivar alegria*:

- A prática das folhas fantásticas em forma de coração (ver página 27) pode ser uma inspiração muito divertida para uma coleção inteira de plantas dedicada a folhagens coronárias.
- Tente colecionar plantas que dão flores (consulte a página 132) para manter sua coleção diversificada com flores coloridas em meio ao verde das folhagens.
- Uma das melhores maneiras de aprender mais sobre o vasto mundo das plantas é se conectar com uma comunidade de amantes de plantas. Tente cultivar alguns amigos-planta (consulte a página 176).
- Se a sua coleção passar de algo alegre para opressora, faça uma pausa com suas plantas (consulte a página 170).

Papai-planta só pensa em design

Podemos encontrar você em sua casa sob sua cuidadosa curadoria, cercado das peças (vivas e artificiais) que você adora. Você usa as plantas para deixar seu espaço mais agradável, pois sente que elas trazem vida e alegria à sua casa. Os elementos estruturais de suas folhas e botões são o que nos atrai, e você os considera padrões vivos fascinantes. Você agora se atualizar em todas as tendências de design e ama usar plantas como ferramentas para alcançar seus maiores sonhos estéticos.

Você arrasa: aplicando sua criatividade inata para fazer a curadoria de uma bela casa cheia de lindas plantas. Seu olhar para o design rivaliza com qualquer revista ou *blog* e ajuda você a ver combinações de plantas e peças de decoração que uma pessoa comum não seria capaz de visualizar.

Você pode estar com problemas: ao colocar as necessidades da planta acima das suas necessidades de decoração. É importante projetar uma bela casa, mas os requisitos de iluminação e os cuidados que uma planta exige determinarão onde ela prosperará em sua casa.

Experimente estas plantas: com elementos estruturais e belos padrões de folhas que vão deixar seu design de interiores ainda mais agradável. Experimente a planta-da-amizade (*Pilea peperomioides*), a figueira-de-folha-de-violino (*Ficus lyrata*), qualquer tipo de costela-de-adão (*M. adansonii, M. deliciosa*), jatrofa (*Jatropha podagrica*) ou uma grande e linda palmeira. Procure variações de folhagens com cores e padrões interessantes que alegrem seu coração!

Experimente estas práticas
para *Cultivar alegria*:

- Confira o capítulo "Plantas + A Casa" para novas inspirações de decoração para criar um espaço cheio de natureza.
- Para se certificar de que você acertou na iluminação interna do seu ambiente, dê uma olhada na seção "Entendendo a luz" (consulte a página 201).
- Brinque com a mistura de folhagens e flores em sua coleção colhendo buquês de flores (consulte a página 131) e ramos (consulte a página 132).

Papai-planta é um fazendeiro urbano

Podemos encontrá-lo na cozinha fatiando suculentos tomates caseiros e cozinhando com as ervas que você orgulhosamente cultivou no peitoril da janela ou na varanda. Você usa o espaço que tem, seja uma área externa, seja uma instalação de luzes para cultivo, plantando coisas que pode comer, armazenar e beber. Você descobriu que a melhor recompensa de cultivar algo… é comer! A jardinagem é uma prática diária, e por isso você criou um vínculo muito próximo com suas plantas, especialmente durante o período de crescimento delas. Você adora se sentir intimamente conectado à sua própria comida ao vê-la crescer, e você acredita que a jardinagem é o *hobby* mais relaxante e satisfatório que existe. Tomates e alfaces comprados no mercado nunca terão o mesmo sabor daqueles que você cultivou com as próprias mãos.

Você arrasa: quando entende a importância de se conectar com a comida no seu prato. Seus amigos não param de pedir suas receitas! Você tem prazer em nutrir suas plantas e vê-las se desenvolver a partir das suas mudas.

Você pode estar com problemas: para chegar às condições certas para cultivar bem os alimentos. Ervas e vegetais requerem de seis a oito horas de luz direta para uma boa colheita, então são necessários: grandes janelas, varanda/alpendre/gramado livre ou luzes de cultivo para obter uma melhor colheita.

Experimente estas plantas: se você tiver luzes de cultivo, escolha qualquer alimento que goste de comer e vá em frente. Eu amo pés de microtomate e de manjericão. Se você estiver tentando cultivar pela primeira vez em uma janela com luz moderada, comece com microverduras, alface ou espinafre.

Experimente estas práticas para *Cultivar alegria*:

- Cultive sua própria comida (consulte a página 77 para obter ideias se você for iniciante).
- Confira dicas para o cultivo de tomates (consulte a página 109).
- Tente começar com sementes (página 126). Se você já iniciou com suas próprias sementes, aposto que você vai gostar da seção "A estreia do Show da Semente" (página 124).

Sua personalidade mudará junto com sua coleção de plantas

É totalmente normal sentir-se um papai-planta com atenção plena em certo ponto da vida e, em outro, papai-planta de baixa manutenção. É provável que essas duas facetas convivam dentro de você, e as porcentagens podem flutuar de acordo com onde você está na vida. Gosto de dizer que sou 80% mamãe-planta em atenção plena e 20% mamãe-planta em baixa manutenção.

Esses perfis de personalidade não são definitivos, mas sim uma ferramenta divertida para mergulhar mais fundo na investigação do seu relacionamento planta/pessoa. Pense no que remexeu você ao ler esta seção e volte a ela depois de um ano para ver se algo mudou.

Conheça a si mesmo, evolua, cultive um pouco de alegria e não se leve muito a sério.

Encontre seu número

Há uma linha muito tênue entre o feliz crescimento de sua coleção de plantas e o ponto de inflexão que muitos papais-planta atingem quando suas coleções ficam grandes demais e se tornam uma fonte de estresse em vez de alegria. Encontrar o número de plantas que traz prazer em vez de ansiedade é a melhor dica que eu posso lhe dar para garantir sua felicidade. O "número" para cada pessoa é diferente. Uma das minhas amigas-planta tem seis vasos. Ela tem uma abordagem totalmente minimalista para sua coleção e tem prazer com a simplicidade e a intenção por trás de cada escolha que faz. O número seis é perfeito para ela. Outra amiga tem mais de trezentas plantas e adora sua rotina de cuidados e responsabilidades que andam lado a lado com uma coleção tão grande. A quantidade é perfeita para ela.

O número de cada papai-planta é altamente pessoal e mudará ao longo da sua vida. Diferentes lares e épocas da vida exigirão números diferentes. O importante é que essa rotina de cuidados e a escolha das plantas nos ajudem no relaxamento e sejam fonte de felicidade (e, é claro, permitam que você e suas plantas se mantenham saudáveis e felizes).

Dicas para calcular e manter seu número-planta

- Não se apegue a isso. Entenda que o número mudará em diferentes épocas da vida.
- Lembre-se de que sua paixão por colecionar plantas é uma maratona, não um *sprint*.
- Faça um inventário trimestral ou anual da sua coleção de plantas e classifique o nível de alegria que cada uma delas lhe traz. Você gostaria de passar mais tempo cuidando de suas plantas ou gostaria de, ao contrário, recuperar algum tempo da sua vida e se aliviar um pouco dos seus deveres

de cuidado com elas? Se houver uma planta que lhe causou mais estresse do que alegria no ano passado, talvez seja hora de realocá-la com alguém que seja mais adequado a ela. Doar plantas que não se encaixam na sua vida é uma ótima maneira de reinvestir tempo e energia nas plantas que funcionam melhor para seu estilo de vida.

- Se estiver batalhando para chegar à curadoria de uma coleção que funcione para você, considere criar para si mesmo certos parâmetros. Talvez seja melhor se aprimorar em um gênero específico de planta de que realmente goste. Talvez você queira parar de adicionar plantas à sua coleção e concentrar tempo e energia em aprimorar e projetar com as plantas que já possui. Talvez você esteja entediado com o que tem e queira experimentar um tipo totalmente novo de planta ou um método de cultivo diferente para despertar alguma nova curiosidade ou um novo entusiasmo.

O lado sombrio

"Cresça através daquilo que você cultiva"

É impossível escrever um livro sobre cultivar alegria sem reconhecer que às vezes a vida não é nada alegre. Há épocas de tantas perdas, amarguras e tristezas na vida que uma planta nunca poderá curar. Minha esperança é de que, nas estações em que a vida for opressiva e dolorosa, você possa encontrar um momento de alívio e paz com suas plantas usando algumas destas práticas. Há também momentos em que até nossas coleções de plantas podem se tornar uma fonte de estresse se não forem cultivadas de maneira saudável e sustentável. Este capítulo é dedicado aos inegáveis momentos sombrios que todos nós enfrentamos — em grande parte da nossa vida e em pequena escala em nossa coleção — e como crescer através deles.

Encontre sua luz

Você já reparou que, se tiver uma planta de casa perto de uma janela, todas as folhas dela se viram para ficar de frente para o sol? Isso se chama *fototropismo*, que é a capacidade de uma planta de encontrar luz usando o exuberante hormônio *auxina*, que alonga as células internas da planta para mover suas folhas na direção da fonte de luz. O fototropismo faz com que as plantas sejam incrivelmente adaptáveis. Isso lhes dá uma vantagem competitiva. Se um pé de tomate cair de lado, brotarão hastes do seu caule que crescerão na direção do sol, mesmo que estejam na posição contrária àquela em que estavam crescendo originalmente. Ele apenas pensa: "Ah, o sol está lá agora? Sem problemas, vou me mexer e vai dar tudo certo".

O fato de nos cercarmos de plantas não é importante apenas para os momentos em que nos sentimos bem, mas também para os momentos em que estamos mal. Elas podem nos lembrar de que o crescimento está sempre acontecendo, de que a dormência às vezes é essencial e somos projetados para fazer coisas difíceis, nos adaptar e evoluir. Elas podem servir como reflexo externo do nosso mundo interno — um lembrete para ficarmos de olho em nossas coleções quanto a falta de água, clima seco, pragas ou infortúnios em geral; e também para nos lembrar de observar nosso próprio coração da mesma maneira. Elas são nosso espelho e as maiores companheiras, que se manterão ao nosso lado, crescerão conosco, murcharão conosco e continuarão lutando — mesmo nos tempos em que ficamos um pouco mais lentos para encontrar o nosso sol.

Da próxima vez que você não estiver bem, tente usar suas professoras verdes para afastar sua tristeza. Encontre um momento de silêncio com suas plantas e sente-se consigo mesmo. Observe como sua planta absorve a luz do sol. Volte-se para dentro e imagine que você é uma folha em busca da luz do sol. Experimente a sensação em seu corpo explorando a escuridão para encontrar alguma luz.

Cave mais fundo

Pegue seu diário e pense nas seguintes ideias:

- Encontre cinco coisas em sua vida que o deixam animado no momento. Se não conseguir pensar em nada, transforme essa tarefa em algo tão simples como anotar o que você quer comer no jantar ou qual o novo disco do seu cantor favorito. Quanto mais você listar, mais vai se lembrar de coisas.
- Encontre áreas de sua vida com as quais quais você conseguiu se adaptar, como fazem suas plantas. Em qual época da sua vida você se encontrou em uma nova posição ou em uma situação diferente e conseguiu prosperar? Confie que pode fazê-lo novamente.
- Onde há "luz" em sua vida para a qual você possa se inclinar? Como você pode orientar tempo e energia para as coisas boas?
- Confie que, se você estiver em um período de escuridão, isso passará e um novo crescimento estará a caminho.

Sobre a morte das plantas

Em algum momento ao longo da sua paternidade vegetal, uma delas morrerá. Doce amiga-planta, você ainda é digna.

A morte da planta acontece e faz parte dessa jornada. Para cada foto do Instagram cuidadosamente escolhida, cheia de plantas de aparência perfeita, há um pequeno cemitério vegetal com plantas mortas ou em dificuldades que não chegaram a ser fotografadas. Francamente, se você não perdeu alguma planta ao longo da sua jornada como papai-planta, provavelmente não está fazendo isso direito.

Embora a morte de uma planta possa ser um momento fundamental para ajudá-lo a crescer como papai-planta, a morte da planta também faz com que muitas pessoas se desencantem do *hobby* e simplesmente desistam.

Certamente aconteceu comigo em meus dias como assassina de plantas. Todos nós já estivemos lá: sua coleção de plantas está prosperando e crescendo, e você se enche de alegria ao regar suas plantas e admirar seu crescimento, sentindo nada além de vibrações positivas em sua presença. Então, do nada, *bum!* Uma suculenta fica mole, as folhas da begônia ficam marrons ou amarelas, ou sua samambaia simplesmente despenca, morta. Sua alegria morre junto com aquela pobre planta.

Mas, quando você estiver enterrando sua planta morta na composteira, no quintal ou na lixeira, será impossível deixa de pensar: "Nunca vou aceitar isso bem", ou "Todas as minhas plantas vão morrer", ou "Eu sou um fracasso". Isso significa algo para você como pessoa e papai-planta, e em geral esse "algo" é extremamente negativo e inútil.

Você está em uma importante encruzilhada, amigo-planta. Você pode optar por deixar essa planta morrer, empoderá-lo ou derrotá-lo. A decisão é sua; é realmente simples assim. Você tem duas opções:

Opção A: Deixe a morte da planta confirmar a suspeita de que você é péssimo e nunca será bom em nada, e então desista. Você vai se rotular de "assassino de plantas" e fará piadas sobre suas fraquezas com plantas enquanto admira a coleção de outra pessoa em uma festa e decide se contentar em levar para casa apenas flores colhidas. Eu escolhi a Opção A para a primeira década da minha vida adulta. Foi terrível. Agora olho para aqueles anos e penso como minha vida poderia ter sido se eu tivesse simplesmente feito a mudança para a Opção B mais cedo e experimentado a alegria das plantas que é tão essencial à minha existência atualmente. Mas chega de falar de mim.
Opção B (dica: escolha esta): Você permite que a morte dessa planta o deixe curioso e o ajude a se tornar um papai-planta

melhor. Se alguma delas morrer, pergunte a si mesmo: "Humm, o que foi que aconteceu?". Verifique as raízes: você acidentalmente regou demais? Talvez você precise reduzir suas regas? Verifique as folhas em busca de pragas. Identifique qualquer pequeno inseto que possa ter causado estragos à sua planta, pesquise muito e se prepare para a próxima vez. Talvez você perceba que suas plantas não prosperam em determinado local porque ficam onde você não passa com frequência e acaba se esquecendo de regá-las. Talvez você se torne um papai-planta melhor e sábio com as lições e as pesquisas que fará — tudo por causa dessa planta que morreu. Vamos reformular as mortes de plantas como uma parte tremendamente útil dos cuidados com elas, em vez de classificá-las como derrota.

A pressão sobre os papais-planta

Já falamos um pouco sobre encontrar o número certo de plantas para ter em sua vida e em sua casa. Mas o que acontece quando nos encontramos do lado errado dessa linha e nossas coleções de plantas se tornam um fardo em nossa vida em vez de uma bênção? Inicialmente, pensei que minhas lutas contra a opressão dos papais-planta eram únicas, uma exceção em nossa comunidade, devido às minhas tendências dramáticas e emocionais. Então, comecei a escutar histórias e mais histórias de membros da minha comunidade de ouvintes que tinham uma estranha semelhança com um período da minha jornada de mamãe-planta. Percebi que a pressão sobre os papais-planta é algo que atinge a todos nós.

Quando comecei a cuidar de plantas com mais sucesso, depois de alguns meses passei por uma transição da coleção casual de plantas para as plantas assumindo a maior parte do espaço em meu cérebro. Eu estava me divertindo tanto com esse novo *hobby*, que, por um momento, parecia que nunca

O lado sombrio   169

conseguiria parar. Eu pesquisava constantemente as plantas, pesquisava no Google, comprava novas e ia a lojas de plantas. Comecei a beirar a insanidade. Eu entendo por que as pessoas costumam chamar alguém de "Louca das Plantas". Uma vez que você começa a beber do refresco Ki-Planta e seu coração começa a florescer e a se abrir devido ao sucesso e à beleza da sua coleção de plantas, é fácil ficar loucamente apaixonado pelo seu novo *hobby*.

Depois que todas as superfícies do nosso apartamento estavam cheias de plantas, Billy teve de fazer uma pequena intervenção para me desacelerar e garantir que tivéssemos o espaço e o conhecimento necessários para manter as plantas saudáveis e evitar que nossa casa parecesse um episódio de *Acumuladores*. Percebi que há uma linha tênue entre a "vibração da selva" e o "pesadelo do acumulador". Com a ajuda dele (ou talvez devêssemos chamar isso de sua insistência gentil e carinhosa), digamos que eu fiquei mais enraizada, o que me ajudou a sair daquele momento obsessivo.

Minha história não é única. Muitas pessoas passam por períodos em que se deixam "descer na banguela" e então precisam "frear antes que se espatifem". Faz *parte* do processo.

Se e quando você se encontrar em um momento de sobrecarga como papai-planta, aqui vão algumas dicas:

- Aceite que você está exatamente onde precisa. Este é um momento de aprendizado em sua jornada de papai-planta, e você está indo muito bem. Conceda o perdão a si mesmo. Isso acontece com todos. Faz parte de ser um papai-planta. São seus próximos passos que definirão a rapidez com que vai se recuperar e criar um relacionamento saudável com seu novo *hobby*.
- Avalie onde você está. O que atualmente está causando estresse em suas plantas?
  - Sua coleção ficou grande demais para ser gerenciada?

Considere presentear ou emprestar algumas plantas aos seus amigos até que você possa trazê-las de volta com a cuca mais fresca.

- Você não consegue parar de comprar plantas? Está preocupado com a despesa repentina de seus novos hábitos de compra? Coloque-se em estado de pausa vegetal e concentre-se em sua coleção atual. Talvez seja difícil no começo, mas vale muito a pena. Veja minhas "Dicas para uma pausa vegetal" mais adiante.

- Defina um orçamento e cumpra-o! Gastar acima do seu orçamento é um indicador importante de que talvez seja hora de revisitar sua abordagem à sua coleção de plantas.

- Encontre um foco. Se sua coleção geral de plantas está sobrecarregando você, considere se concentrar em um único tipo de planta. Excite sua curiosidade sobre um certo gênero de plantas (*Peperomia*, *Dracaena* e *Hoya* têm muita diversidade de espécies nas quais você pode mergulhar), experimente tentar a propagação e passe um tempo aprendendo sobre as plantas que você já tem.

- Trabalhe com o que está em suas mãos. Busque qualidade, não quantidade. Quando dei minha pausa vegetal, a primeira coisa que fiz foi organizar todas as plantas da minha coleção. Eu estava tão focada no crescimento da coleção que nem prestei atenção no conjunto ou em como as plantas se encaixariam na minha casa. Eu tenho uma luz de cultivo montada para algumas plantas que gostam de luz forte. Organizei as plantas em estantes e prateleiras. Limpei suas folhas e observei seu crescimento, tentando encontrar momentos de admiração e alegria na minha coleção existente. Há muita coisa que podemos fazer com

O lado sombrio 171

uma coleção de plantas sem precisar de mais nada, então faça uma lista de projetos e mãos à obra!

A pausa vegetal

Eu acho que fazer uma pausa vegetal é uma prática muito saudável para qualquer papai-planta, independentemente do tamanho da coleção ou do seu estado emocional sobre ela. Embora colecionar plantas seja muito empolgante, fazer uma pausa para avaliar o aumento de nossa coleção — e atender às suas necessidades — é uma ótima maneira de desacelerar, praticar a presença e se manter sob controle à medida que sua paixão por plantas floresce.

Dicas para uma pausa vegetal

- Defina suas regras. A pausa vegetal é diferente de pessoa para pessoa. Aqui estão algumas opções:
  - Interrompa todos os gastos em qualquer aspecto do cuidado com as plantas: plantas, acessórios, vasos, luzes — tudo. Apoie-se somente no que você já tem, celebre e cultive. Aproveite esse tempo para conhecer as plantas que você já tem.
  - Pare de trazer outras plantas (compradas ou negociadas) para casa por determinado período de tempo.
  - Avalie o seu "número-planta" atual e decida se você precisa reduzi-lo. Pense em presentear, doar ou vender algumas de suas plantas.
- Envolva sua comunidade. Compartilhe seus objetivos com quem você mora e com seus amigos mais próximos. Billy

me pediu que fizesse uma pausa vegetal, então minha situação é um pouco diferente. Eu estava tão fora de controle naquele momento que eu realmente precisava de um parceiro responsável para me ajudar a quebrar os maus hábitos de consumo em que havia entrado. Um efeito colateral positivo dessa responsabilidade foi que, assim que eu voltasse a trazer plantas para casa, falaria com ele primeiro, e nossa coleção se tornou um projeto mais colaborativo. No final, a pausa nos aproximou e nos trouxe mais alegria como casal, porque nos sentimos conectados às plantas em nossa casa em um nível mais profundo.

- Defina um prazo. Às vezes, colocar-se em uma pausa vegetal sem data para terminar pode parecer perturbador e inatingível. Definir um prazo ajuda. Todos nós podemos parar de comprar plantas por um mês! Para mim, foram cerca de seis meses (com várias exceções especiais) antes de decidir que era hora de voltar a ter novidades na minha coleção. Sua pausa pode ser tão curta quanto uma semana ou durar até um ano. Mas dar a si mesmo esses prazos lhe dará mais liberdade para realmente se comprometer e aproveitar a experiência em vez de se ressentir.

- Seja gentil consigo mesmo. Todos nós temos velhos hábitos que precisam ser rompidos... e todos sabemos quanto isso pode ser difícil. Não será fácil, e você pode não ter sucesso no início. Tenha sempre em mente que você está tentando melhorar a si mesmo e que qualquer passo em direção ao um aperfeiçoamento é melhor do que nada.

- A questão é qualidade, não quantidade. Encontre seu número e fique com ele (até que você esteja pronto para adicionar ou subtrair plantas de sua coleção). Concentre-se

O lado sombrio 173

em criar um conjunto estimulante de plantas felizes que lhe tragam alegria. Isso muitas vezes pode significar, para algumas pessoas, cuidar de apenas duas plantas.

O que fazer durante uma pausa vegetal

- Entenda como você pode otimizar e planejar a coleção de plantas que tem atualmente.
- Aprenda os nomes científicos das suas plantas.
- Aprenda a propagar suas plantas atuais.
- Mergulhe profundamente na compreensão do mundo selvagem e complicado da nutrição dos vegetais e descubra seu plano de fertilização.
- Replante e dê às plantas que você tem o cuidado e o carinho de que elas precisam.
- Aprenda, aprenda, aprenda! Faça um curso no jardim botânico mais próximo, junte-se à minha comunidade educacional, assista ao *PlantTube*, faça maratonas de *podcasts*, leia *blogs* — expanda seu conhecimento sobre cuidados com plantas para ajudar a servir melhor sua coleção e a si mesmo.

Um professor de ioga me disse uma vez: "A posição só tem início quando você começa a se sentir desconfortável". Esse pensamento está sempre comigo em minha jornada de desenvolvimento pessoal. Às vezes, o crescimento só acontece quando as coisas começam a incomodar. A poda de uma planta na verdade instiga um crescimento novo e mais denso. As árvores caem na floresta e abrem espaço para que mudas mais jovens cresçam. Um animal morre e se decompõe para enriquecer o solo com mais nutrientes para que novas plantas prosperem no ano seguinte.

Ficar sobrecarregado não é problema. Faz parte do processo. É o modo como você responde que faz as coisas ficarem melhores. Use isso para aprender mais. Volte para as práticas deste livro para recuperar o sorriso em seu rosto, e talvez até encontre uma profunda alegria nesse processo de retorno.

Crescendo juntos

Quando penso em cultivar alegria, a primeira coisa que me vem à cabeça é a felicidade que as plantas *me* trouxeram. Este livro é centrado no uso de plantas para aumentar nossa própria felicidade e nossos momentos de atenção plena.

Mas o mais interessante é que, quando eu realmente mergulho e penso em cultivar alegria, os sentimentos mais calorosos vêm de lembrar como essas plantas entraram na minha casa e de *onde* elas vieram. Muitas das minhas plantas eram pequenas mudas em uma loja ou foram oferecidas a mim e se tornaram plantas grandes e inspiradoras. Agora elas não apenas embelezam minha casa, mas também me lembram de suas histórias. Sim. Além de ajudarem a me desconectar da tecnologia e a me reconectar comigo mesma, os vasos que eu amo guardam histórias que me auxiliam na conexão com outros papais-planta e os momentos de generosidade e bondade que compartilhamos por causa delas.

Adquiri minha primeira costela-de-adão (*M. deliciosa*) numa troca de plantas por um *caladium* (Caladium sp.). Era a planta nº 1 na minha lista de desejos. Eu morria de vontade de ter uma só minha. Quando a avistei do outro lado da sala na feira de troca de plantas, tive um acesso de amor à primeira vista. Eu me lembro da emoção de pensar que finalmente colocaria as mãos na planta que eu tinha visto em tantas revistas. Inventei um jeito de puxar conversa com seu dono e negociei a troca. Naquela época, esse espécime tinha o corte de uma planta juvenil com folhas não fenestradas, ou seja, nenhuma das folhas tinha os furos característicos que dão à planta sua famosa silhueta. Concentrei empolgação e paciência em cada nova folha ao longo do ano seguinte, enquanto eu esperava para ver *se essa seria a que se abriria* com aquelas famosas aberturas em suas folhas. A expectativa de ver a planta crescer era tão divertida quanto finalmente ver desabrochar a primeira folha fenestrada, e muitas outras depois.

Na minha mesa está minha primeira planta-do-dinheiro chinesa, ou planta-da-amizade (*P. peperomioides*). Essa planta é popular por causa dos bebezinhos que brotam com ela, que são fáceis de separar para presentear os amigos — daí o nome. Quando essa planta estava no auge da popularidade e um vaso pequeno custava cerca de 40 dólares, tive a sorte de receber uma muda de um amigo que conheci on-line e depois se transformaria em um grande amigo.

Ganhei minha planta-jade, que tem mais de vinte anos, de um amigo que teve de se mudar de repente para o outro lado do país. Ela está imensa, cresceu tanto que, desde então, já fiz várias mudas para minha irmã, que então presenteou seus amigos. Adoro pensar na alegria que essa única planta trouxe para muitos de nós e como ela honra esse meu amigo que teve de se separar dela.

Fazer novos amigos depois de adulto é difícil, mas fazer amigos-planta é fácil, qualquer que seja sua idade. Na maioria das vezes, você descobrirá que os amantes de plantas estão sempre ansiosos para compartilhar seu conhecimento e sua paixão com os outros. Quando você conhece outro papai-planta, parece que sobe a um novo nível de existência. O cuidador em você enxerga o cuidador no outro, e vice-versa, e ambos sabem que encontraram um lugar seguro para serem *nerds*, compartilhar sua paixão com confiança e aprender um com o outro.

Quando passei de assassina de plantas a dama das plantas, a mídia social foi a principal maneira de encontrar muitas pessoas-planta ao redor do

FAZER
NOVOS
AMIGOS
DEPOIS DE
ADULTO
É DIFÍCIL,
MAS FAZER
AMIGOS-
-PLANTA
É FÁCIL

mundo. Comecei a me conectar com pessoas on-line, e, assim que desenvolvemos uma amizade, organizamos maneiras seguras de nos encontrarmos pessoalmente para travar conhecimentos e aprofundar nosso relacionamento. Algumas dessas amizades que fiz anos atrás continuam muito fortes. Aqui vão algumas dicas para criar seu próprio "grupo de amigos-planta" e desenvolver sua própria comunidade.

Virtualmente: entre nas DMs com um potencial novo amigo-planta

Muito bem, então estabelecemos que os papais-planta são as pessoas mais gentis e legais, certo? Já mencionei que eles também são superamigáveis? A maneira mais fácil de criar e aumentar sua comunidade de amigos-planta é fazer o que todas as crianças atualmente fazem: enviar uma mensagem direta (DM) e iniciar uma conversa. Encontre outros entusiastas de plantas que você admira, siga-os em sua mídia social preferida e envie mensagens simpáticas sobre suas coleções de plantas. Mencione se você tem a mesma planta e compare as informações sobre suas condições de cultivo. Os elogios chegam mais longe. No início de sua conversa, evite apenas enviar mensagens para pedir conselhos ou mudas gratuitas. Entre em contato, diga um "olá" e busque uma conexão autêntica. Deixe a conversa se desenvolver organicamente.

Eu tenho uma verdadeira relação de amor e ódio com as redes sociais, pois a autenticidade é escassa e os *trolls* estão por toda parte. Mas também têm sido um belo instrumento para promover conexões genuínas com pessoas com quem eu nunca faria amizade e uma maneira incrível de me conectar com outros entusiastas das plantas. Então experimente, seja gentil e breve. Se você estiver procurando por uma comunidade on-line segura e divertida de amigos-planta com ideias semelhantes às suas, confira a plataforma Bloom and Grow Garden Party, cujos detalhes estão na seção "Recursos e fontes" no final do livro.

Faça #plantfriendsIRL [#amigos-plantaNaVidaReal]

Antes de mergulharmos nesta seção, devo dizer o óbvio: por favor, não se coloque em nenhum tipo de situação perigosa ao conhecer novas pessoas. Todos os meus encontros presenciais com novos amigos-planta foram sempre em público, à luz do dia, cercados por outras pessoas em espaços movimentados. Eu sempre compartilhei minha localização com Billy e nunca fui à casa de ninguém. Segurança em primeiro lugar, amigos-planta, segurança em primeiro lugar. Ok, de volta à nossa programação de cultivo previamente agendada.

Quando comecei a me envolver com plantas, nenhum dos meus amigos estava interessado em me ouvir falar sobre o cheiro mágico das minhas folhas de tomate. Meus amigos me conheciam como uma assassina de plantas e, francamente, por também serem assassinos de plantas, eles não estavam interessados em embarcar na minha nova paixão. Eu me senti um pouco solitária nesse meu novo amor. Foi quando me voltei para o Instagram, e, com várias buscas por #houseplant, #plantparent e #plantlover [#plantodoméstica, #papai-planta e #amantedasplantas], meu mundo se abriu para a bela comunidade on-line de amantes de plantas que eram como eu. Comecei a seguir pessoas e contas que faziam sentido para mim. Depois de conhecer suas coleções, mandei mensagens para algumas delas e comecei a desenvolver relacionamentos reais.

Na época eu morava em Nova York, que tem um belo cenário de lojas de plantas, e, depois de examinar esses amigos-planta virtuais para ter certeza de que não estava sendo enganada, comecei a fazer planos para me encontrar com eles na vida real em lojas de plantas. Os encontros de compras de plantas se transformaram em almoços, que se transformaram em jantares e amizades genuínas. Nossas conversas iniciais sobre cuidados com plantas evoluíram para conversas regulares entre amigos sobre a vida normal. Fazer amigos depois de adulto pode ser difícil, mas as plantas eram a porta de entrada para amizades legítimas que iam além do nosso *hobby* compartilhado.

Além de procurar amigos-planta com ideias semelhantes nas redes sociais, fique atento a oportunidades de conexão com pessoas-planta "na natureza" — sem a necessidade de telas. Recentemente, fiz amizade com a garçonete de um restaurante do meu novo bairro por causa do nosso amor por plantas. Billy e eu estávamos lá para um encontro, e a estampa da minha camisa era uma *P. peperomioides*. Ela mencionou que tinha uma. Começamos a conversar, e eu lhe disse como estava curiosa sobre hoyas, e, completamente despreocupada, ela imediatamente me ofereceu uma muda de sua *Hoya carnosa* "Krimson Princess". Esse é um movimento realmente "Dama das Plantas Feliz", sempre procurando compartilhar o amor pelas plantas com outras pessoas-planta. Trocamos números de telefone e mantivemos contato sobre os nossos projetos com plantas naquela estação e até trocamos algumas mudas. Foi uma doce conexão com uma pessoa de uma nova cidade, coisa que eu nunca teria feito se não fosse pelo poder das plantas.

Se você abrir os olhos para o conceito de #plantfriendsIRL [#amigos--plantaNaVidaReal], descobrirá que há novos amigos a serem feitos em todos os lugares.

Reúna uma comunidade: organize uma troca de plantas

Se você nunca foi a uma feira de troca de plantas, tente viver essa experiência. Uma troca de plantas pode ser tão simples quanto duas pessoas que se encontram e as trocam ou tão grande quanto um evento que atrai centenas de pessoas da cidade toda. Essencialmente, uma feira de troca de plantas é um evento no qual os papais-planta se reúnem com cepas saudáveis, livres de pragas e enraizadas e as negociam entre si. Elas são uma maneira incrível de conhecer outros papais-planta da vizinhança e de expandir sua coleção gratuitamente. Além disso, é divertido entrar em contato com as pessoas com quem você troca e acompanhar o desempenho da sua linda muda em uma nova casa.

Depois que cultivei amizades on-line com alguns membros da comunidade de plantas de Nova York, vários de nós começamos um tópico de mensagens privadas e nos demos o nome de NYC Plant Mamas. Realizamos feiras de troca de plantas e encontros em nossas casas em Nova York e tivemos tardes divertidas negociando, conversando, rindo e comprando plantas juntos. Criamos feiras de troca de plantas em nossas casas sem custo. Bastou um pouquinho de organização, e todos ficaram abertos a novas amizades. Mas também existem maneiras de fazer isso em uma escala maior.

Se enviar mensagens para um estranho pelas mídias sociais é demais para você (o que eu entendo), conectar-se às lojas de plantas locais e se envolver em eventos da comunidade são opções maravilhosas. Fiz várias aulas de jardinagem em lojas locais e participei de um evento chamado Homestead Brooklyn Plant Swap [Troca de Plantas de Homestead Brooklyn] quando estava começando, e ainda sou amiga de algumas das pessoas que conheci naqueles eventos. Quero destacar minha querida amiga-planta Summer Rayne Oakes, da Homestead Brooklyn, que mudou para sempre a forma como as trocas de plantas eram feitas, liderando as trocas de plantas mais épicas de toda a cidade de Nova York. Summer Rayne e seu canal no YouTube, Homestead Brooklyn, são uma rica fonte de informações sobre plantas. Você pode encontrar mais informações sobre ela na seção "Recursos e fontes" do livro. As lojas de plantas são as centrais das comunidades locais, então não hesite em ligar para essas lojas na sua vizinhança e ver se elas

1) promovem feiras de troca ou eventos organizados de que você possa participar; ou 2) estão interessadas em fazer uma parceria com você para sediar uma troca de planta ou um evento. Se elas ainda não têm eventos

organizados, as feiras de troca são uma ótima maneira de trazer novos clientes para as lojas; elas já têm o espaço e uma lista de contato de clientes locais para divulgar o evento. Se você não conseguir encontrar uma loja de plantas para hospedar a feira de troca, também é válido entrar em contato com bares, restaurantes e bibliotecas locais ou qualquer centro comunitário em sua vizinhança.

Já organizei trocas de plantas de duas a cinquenta pessoas. Aqui estão algumas diretrizes se você estiver interessado em exercitar suas habilidades como "anfitrião bem plantado".

Como hospedar uma troca de plantas

- **Planejamento**
  - Combine horário, local e capacidade máxima para o evento se você estiver se reunindo em ambientes fechados.
  - Decida se o evento será totalmente gratuito ou pago para cobrir os custos.
  - Considere fazer parceria com fornecedores locais, como lojas de plantas, restaurantes ou outros locais que se consideram centros comunitários e podem compensar custos como aluguel em troca de terem seu nome ligado ao evento.
  - Descubra como você vai espalhar a notícia: pesquise grupos do Facebook, procure pessoas-planta na vizinhança e solte a imaginação em seus próprios canais sociais e sua comunidade. Se você está fazendo parceria com uma floricultura, talvez já tenha um acesso direto à comunidade local através de uma lista de e-mails. Em 2019, quando eu estava viajando

Crescendo juntos   183

pelo país atuando no musical *Cats*, entrei em contato
com as lojas de plantas locais e amigos-planta que
eu havia feito na internet para que me ajudassem a
criar vídeos ao vivo dos meus *podcasts* e organizar
encontros de ouvintes em *hubs* de plantas locais. Foi
uma maneira incrível de cultivar a comunidade.

- Crie algum tipo de foto ou folheto compartilhável
sobre a feira de troca com todas as informações
necessárias. Compartilhe com todos que você
conhece! O Canva.com tem modelos fáceis e
intuitivos que você pode usar gratuitamente.

- Planeje seus vasos com antecedência e faça vários
cortes extras para levar para a troca, caso alguém não
tenha como negociar. Você se sentirá como o Papai
Noel, espalhando alegria vegetal com mudas surpresa
que pode dar de presente para novos amigos-planta
desprevenidos.

- Faça crachás para os nomes das pessoas! Esta foi
uma grande lição que aprendi através das trocas
de plantas e eventos presenciais que organizei para
o meu *podcast*. Todos devem ter um crachá com
seu nome e seu identificador de mídia social. Isso
incentivará as pessoas a se seguirem e a se manterem
em contato, e é muito menos invasivo do que um
número de telefone ou e-mail.

- Crie um cartão-modelo de cuidador de plantas que
todos possam preencher para suas mudas quando
chegarem à feira de troca. Podem ser apenas
pedacinhos de papel em branco para que todos
escrevam o nome e os cuidados de cada planta, ou

você pode criar um pequeno cartão com o nome da planta, sugestões de cuidados, nome do proprietário e identificador de mídia social, para que as pessoas possam manter contato após a troca. Pessoalmente, eu gostaria de ter anotado melhor com quem negociei nas minhas primeiras trocas, porque adoraria ver e mostrar a eles o tamanho atual das mudas que eles me deram!

- Fazer alguns refrescos para o evento é sempre uma boa ideia. Você pode pagar do seu bolso, fazer fichas para vendê-los e cobrir o custo, ou pedir à empresa local com a qual estiver fazendo parceria para fornecê-los.

- **O dia D**
  - Arrume uma mesa onde todos possam colocar suas plantas e deixe os cartões de cuidados com instruções de como preenchê-los junto a uma caixa de canetas ou lápis.
  - Tenha a programação do dia escrita em algum lugar onde todos possam ver. Quando as pessoas chegarem, elas devem colocar suas plantas com os cartões na mesa e depois se misturar e ver as diferentes opções de plantas. Sugiro deixar todos se misturarem por cerca de vinte ou trinta minutos para ver o todo (e permitir que os atrasados também cheguem) e então fazer um pequeno discurso para iniciar o evento. Quando apresento um evento, antes do início da troca, gosto de pedir a todos que se apresentem para a pessoa ao lado e compartilhem qual é sua planta favorita. Essa é uma maneira legal e

Crescendo juntos   185

organizada para quebrar o gelo em uma sala cheia de desconhecidos.

- É uma boa ideia repassar as regras e lembrar a todos que relaxem e se divirtam. As trocas de plantas podem ser estressantes para alguns, e o jogo pode ficar um pouco nervoso quando plantas raras estão disponíveis. Lembre a todos para se manterem justos e gentis.

- Como anfitrião, também é seu trabalho garantir que ninguém saia de mãos vazias. Algumas pessoas são mais tímidas do que outras. Ajude as pessoas que estão menos envolvidas na troca, apresente-as a outras e as auxilie a iniciar suas primeiras conversas. A troca de plantas pode fazer as pessoas se sentirem bastante vulneráveis. Na raiz disso, você está oferecendo algo que ama e esperando que elas estejam interessadas. Não é nada fácil! Quando fui à minha primeira troca de plantas, fiquei tão intimidada com todos aqueles desconhecidos e todas as plantas raras sendo negociadas que quase saí correndo. Como anfitrião, embora você provavelmente acabe fazendo trocas também, fique de olho nos outros participantes e certifique-se de oferecer as mudas extras que você trouxe para aqueles que ainda não trocaram.

- À medida que o tempo da feira vai chegando ao final, certifique-se de anunciar o "horário de fechamento" para que as pessoas saibam que é a última chamada para trocas. As plantas que estiverem sobrando podem ser colocadas na mesa com um rótulo de

"DISPONÍVEL" para quem quiser levar. Já levei muitas plantas para casa sinalizadas com um "ME LEVE COM VOCÊ" nesses eventos!

- Limpeza: certifique-se de ter um plano de limpeza com seus convidados. O lixo precisa ser retirado, as mesas e os pisos devem ser varridos até que finalmente o espaço esteja mais limpo do que quando vocês chegaram. Muitas pessoas se oferecerão para ficar e ajudar, então aceite a oferta e certifique-se de não deixar o generoso negócio local que hospedou sua feira com a tarefa de cuidar da limpeza após o término.

Cultive diferentes gerações: conecte-se com os jovens e os mais velhos

Embora muito deste capítulo tenha a ver com mídias sociais e as formas modernas como os membros da nossa comunidade de plantas se encontram, não há nada como se conectar com uma geração diferente de amantes de plantas no mundo real, seja dando aos mais jovens o prazer de ver as sementes germinar e criar raízes, seja absorvendo a sabedoria dos mais velhos, que trazem décadas de experiência em jardinagem para compartilhar conosco. Se você tem filhos, faça experimentos de germinação com eles, ajude-os a montar seu primeiro jardim de ervas, ensine-os a cultivar morangos ou dê a eles sua própria planta especial para que cuidem sozinhos. Uma amiga minha construiu para sua filha um jardim de fadas e usou uma pequena palmeira camedórea (*Chamaedorea elegans*) como cenário! Mantenha a comunidade de plantas viva para as próximas gerações, faça com que nossas gerações futuras se empolguem com as plantas e cultivem seus próprios alimentos desde jovens. Você vai se sentir iluminado por uma luz de cultivo de espectro completo.

Nenhuma quantidade de pesquisas no Google pode ser melhor que cinquenta anos de experiência em jardinagem. Alguns dos melhores e mais divertidos amigos-planta são idosos que praticam jardinagem há décadas e que estão prontos para plantar sementes de conhecimento nas gerações mais jovens. Tirar um tempo para fazer amigos à moda antiga, juntar-se a um clube de jardinagem local e interagir com os mais velhos de sua comunidade são excelentes maneiras de aprender lições que um livro nunca poderá ensinar.

Quando me mudei dos meus 46 metros quadrados em Nova York para 20 mil metros quadrados na floresta, eu estava ansiosa para jardinar ao ar livre. Eu nunca tive terra à vontade e estava muito empolgada para cultivar minha própria comida e dar um passo adiante no meu relacionamento com as plantas e a natureza. Mas o negócio é o seguinte: há veados na floresta. E ursos. E carrapatos, esquilos e toupeiras e moscas, e essa garota da cidade estava *fora* de seu elemento.

Eu me cadastrei no nextdoor.com para me conectar com os locais e enviar um sinal de SOS pedindo aos jardineiros locais que tivessem pena de mim e me ajudassem a entender como gerenciar pragas em um jardim de verdade. Melody foi a resposta às minhas orações. Essa aposentada, que tinha décadas de experiência em jardinagem e até mesmo um diploma de horticultura, me ligou do nada e passou uma hora comigo respondendo às minhas hesitações vegetais. Ela possuía muito discernimento e experiência. Naquele dia eu me belisquei no sofá, um pouco emocionada com o doce presente de seu tempo e sua experiência sem pedir nada em troca. Melody e eu mantivemos contato durante todo o inverno, e, quando chegou a hora de eu plantar minhas sementes para a primavera, ela me ofereceu sua estufa para ajudar a cultivar meu próprio jardim. Eu, então, ofereci meu tempo para ajudar a plantar o jardim dela. Melody e eu passamos a primavera e o verão juntas em seu enorme jardim, plantando, capinando, compartilhando histórias durante os intervalos para o café e florescendo juntas. Ela me ensinou a plantar e colher batatas, criar sementes e compartilhou inúmeras dicas sobre como melhorar o solo da horta. Naquela primeira temporada no campo, Melody foi meu anjo da guarda da jardinagem, me ensinando sobre plantio ao ar livre e demonstrando a verdadeira essência da generosidade.

Habilidades e conhecimentos de jardinagem são transmitidos de geração em geração, como as mudas de plantas centenárias passadas da bisavó para a avó, da filha para a neta. Avanços tecnológicos e as promessas do amanhã nos fazem olhar para o futuro com entusiasmo, mas também é importante lembrar nos ombros de quem estamos viajando e nos voltar para os mais velhos, pedir seus conselhos, compartilhar nosso tempo e respeitar as décadas de experiência que a tecnologia nunca poderá substituir.

12

Cultive alegria. Cultive gentileza

Amigas e umas plantas viajantes

Entre 2019 e 2020, passei doze meses inteiros na estrada com *Cats*, no papel de uma felina cantora e dançarina. Depois de cultivar uma coleção de 160 plantas domésticas ao longo de três anos, fui afastada de casa para viver em uma série de quartos de hotel impessoais e sem vida pelo período de um ano da turnê do espetáculo. Viver longe das minhas plantas e do Billy foi terrível, mas foi um sacrifício necessário para viver meu sonho de ser uma *performer*. Além disso, ganhei muitas milhas de hotéis e companhias aéreas que resultaram em férias de luxo no México, o que não foi um bônus ruim.

Em cada nova cidade, eu me presenteava com um "orçamento das flores". Ao chegarmos ao nosso novo hotel, eu ia até a mercearia local para pegar minha comida da semana e depois entulhar tudo no minúsculo frigobar do hotel. Depois de pegar leite, café e ovos, eu sempre passava pela seção de flores e plantas do supermercado para ver o que estava na estação. Eu me dava de presente o vaso mais barato de lá e o colocava no peitoril da minha janela para me fazer companhia naquela semana. No final da semana eu escolhia alguém no teatro ou no hotel que me demonstrasse algum tipo de gentileza e o presenteava com a planta antes de ir embora.

Cruzei o país inteiro, deixando um rastro de plantas de presente atrás de mim. Eu tinha três vasos de narcisos e uma natalina com uma única flor fúcsia no parapeito da janela, e eles me mantiveram sorrindo durante o estresse da noite de estreia em Providence, Rhode Island. Flores-da-fortuna rosa e de ciclame vermelho eram minhas colegas de quarto em Buffalo, Nova York, e foram oferecidas a uma camareira (alguém que ajuda os artistas a entrar e sair de suas fantasias e acelera as trocas de roupa) do teatro local. Uma peperômia prateada, um pé de lavanda e uma samambaia de Boston ficaram comigo no meu Airbnb em Los Angeles por quatro semanas antes de se mudarem para a casa de um amigo de lá. Essas plantas ainda estão prosperando em sua casa, e meu amigo gostou tanto delas que desde então aumentou sua coleção e se tornou um papai-planta bastante impressionante. Uma violeta--africana em Seattle me fez sorrir com suas pequenas flores felpudas e agora traz alegria a outra camareira do Paramount Theater. Meu aniversário de trinta anos ficou menos solitário porque minha mãe me enviou um bolo inteiro feito de flores, que a equipe do hotel herdou depois que eu saí. Fiz uma composição de suculentas de vários tipos em San Diego, que depois viajou comigo por várias cidades da Costa Oeste e acabou sendo presenteada para a filha pré-adolescente de uma amiga querida.

Uma ouvinte do *podcast* me presenteou com uma muda de filodendro--aveludado, que viajou comigo em dez aviões diferentes e me acompanhou em um atraso de viagem de 24 horas enquanto enfrentávamos tornados em Oklahoma City. Em meio ao estresse, da apreensão do cancelamento dos voos e de ficar presa em um aeroporto qualquer durante uma tempestade, a planta permaneceu pacientemente embrulhada em um jornal no fundo da minha mochila, esperando a luz do dia no parapeito da janela do próximo hotel. Outro ouvinte do *podcast* me encontrou na porta do palco do teatro de Chicago com uma pequena muda de sua planta hoya compacta (*Hoya carnosa* subsp. *compacta* "Regalis"). Minha janela em Detroit tinha um buquê de cardos e um pé de manjericão para me lembrar de casa. Em Washington, DC, uma linda samambaia asplênio azul ficava na minha mesa de cabeceira, até que eu a doei para minha melhor amiga e sua crescente coleção de plantas.

Depois que fiquei noiva na estrada (nas férias de luxo mencionadas no México), mantive uma enorme amarílis ao meu lado na sala comercial em Toronto onde planejei ansiosamente meu casamento. Suas flores vermelho--brilhantes do tamanho de toranjas me ajudaram a manter a calma durante as primeiras semanas de choque pelas quais toda noiva passa, depois de flutuar na felicidade do noivado. Como eu estava sem meu noivo e sem minha mãe, eu precisava de alguém para chorar em pânico, e a amarílis foi muito gentil em me ouvir e ficar ao meu lado com todas as planilhas e as ligações para o bufê.

A coisa mais enriquecedora e feliz em minha jornada vegetal aconteceu em Charlotte, na Carolina do Norte. Ficamos lá por uma semana, e a vida na estrada estava me cansando. Eu tinha muita saudade de casa, e caí em uma tristeza que chamei de meu "período azul". Naquela semana eu aumentei meu orçamento de flores para comprar um trio de plantas-da-fortuna de três centímetros em plena e alegre floração. Eu me senti atraída por suas cores vivas e ressentida com sua facilidade de sucesso em fazer o mundo mais colorido. Seus pequenos grupos de sorrisos em forma de estrelas vermelhas, amarelas e cor-de-rosa zombavam de mim, imóveis no peitoril da minha janela.

Impaciente como eu estava, aquelas plantinhas despertavam a alegria de dentro de mim, como quem força um bulbo a florescer. Todas as manhãs eu *dava um tempo* com minhas plantas no peitoril da janela, fazia meu café e olhava seus cachos de flores, em todos os seus diferentes estados de abertura. Cuidar delas me ajudou a cuidar de mim mesma em um momento difícil.

Um dia, no Belk Theater, eu usava uma blusa da minha linha de produtos da Bloom and Grow Radio que dizia "Dama das Plantas" em enormes letras cor-de-rosa no peito. Uma camareira me parou no meio do corredor e disse: "Você é uma dama das plantas? Eu sou uma dama das plantas! Eu amo plantas!". Mas naquele momento, embora vestida do pescoço para baixo com roupas humanas, eu tinha uma maquiagem completa de gato na cara e usava uma peruca de crina de iaque. Apesar da minha aparência meio humana, meio felina, tive uma deliciosa conversa com Kyra, minha nova amiga-planta, sobre sua varanda ensolarada e as plantas que ela tinha, particularmente uma de um metro e meio de altura que ela disse que só florescia à noite.

"Você quer uma muda?! Posso trazer para você amanhã!", ela ofereceu espontaneamente. Mais uma verdadeira Dama das Plantas Feliz que espalha a alegria pelo mundo. Eu me lembrei das três pequenas flores-da-fortuna no peitoril da minha janela e as ofereci como troca. Lá estava eu: uma solitária dama das plantas morando em um hotel ainda mais solitário, em uma cidade em que não conhecia ninguém, fazendo uma nova amiga-planta.

No dia seguinte, Kyra não trouxe apenas uma muda, ela trouxe um vaso azul brilhante de quinze centímetros que apresentava uma saudável muda de seu cacto rainha-da-noite (*Epiphyllum oxypetalum*). Eu nunca tinha visto uma planta daquelas, com suas folhas longas e recortadas, lisas e sedosas ao toque. Parecia rebelde, com suas folhas pendentes sobre o vaso, agradecendo toda extravagante sua acolhida em minha coleção.

Mais tarde naquela semana em Charlotte, conheci outra amiga-planta que fiz on-line e me mostrou seu escritório — onde não havia luz para manter as plantas vivas. A semente de generosidade que Kyra plantou com sua muda de rainha-da-noite me inspirou a enviar a essa amiga uma luz de cultivo para sua mesa, para que ela pudesse germinar alegria durante seu dia de trabalho.

Continuei meu ano nômade e trouxe a planta para casa para ficar no peitoril da janela ensolarada. Ali ela cresceu tanto que tive de replantá-la para acomodar suas lindas folhas e a estrutura radicular. É uma planta importante da minha coleção.

Enquanto escrevo este livro, o presente de Kyra, agora uma planta grande e forte, está bem ao meu lado, me animando enquanto compartilho sua história. Quando olho para ela, sempre me lembro daquele momento da minha vida, quando aquela doce desconhecida parou e me resgatou do meu "período azul" com um único gesto de bondade. Tivemos um momento de conexão, vendo a paixão por plantas nos olhos uma da outra, oferecendo o que tínhamos para compartilhar: uma parte de nosso coração.

Há
uma
ternura
dentro
de nós
que pode
ser cultivada.

Pratique a gentileza

Se a premissa externa deste livro é ajudá-lo a se reconectar consigo mesmo e encontrar momentos mais alegres através das plantas, a missão secreta de *Cultivando Alegria* é ajudá-lo a compartilhar essa felicidade recém-descoberta com os outros.

Na floresta, há uma "rede mundial de raízes" de fungos micorrízicos em todo o subsolo, conectando as árvores de uma floresta, ajudando-as a crescer e se comunicar. Esses fungos subterrâneos, em parceria com espécies de bactérias benéficas, conectam as árvores, prendendo-se às suas raízes e tornando-se condutores, permitindo que esses seres arbóreos enviem recursos vitais uns aos outros e até mesmo sinais de alerta quando há uma ameaça em potencial. As árvores-mãe enviam açúcares para as mudas que ficam nas sombras para ajudá-las a se firmar. Árvores doentes depositam os recursos que não podem mais usar na rede micorrízica como um gesto final de generosidade. Uma floresta não é apenas um conjunto de árvores isoladas, mas todo um superorganismo do qual podemos participar e aprender. Como podemos olhar para as florestas como inspiração para a humanidade?

Pessoas-planta são gentis. Pense nisto: de todos os *hobbies* do mundo, escolhemos cuidar de pequenos alienígenas verdes em vasos que não podem se comunicar conosco em nossa língua nativa. Aguçamos nossos sentidos e nos esforçamos para entender o que essas plantas precisam e passamos horas aprendendo, pesquisando e fazendo o melhor para ajudá-las a prosperar. É preciso ser uma pessoa especial para fazer essa escolha com seu tempo livre e com seu orçamento.

Há uma ternura dentro de nós que pode ser cultivada. Nós nos relacionamos com nossas coleções de plantas, nosso coração bate forte e levamos essas vibrações de bem-estar para o mundo. Compartilhamos nossa alegria com os outros por meio de mudas, conselhos e mais gentileza, e o efeito cascata é emocionante.

Neste momento, o mundo precisa de mais pessoas gentis. Acho que as plantas podem ser parte da solução. Acredito que os alimentos mais

Cultive alegria. Cultive gentileza   195

fundamentais que as plantas esperam de nós, além de luz e água, são paciência, empatia e bondade. Se fornecermos essas coisas em pequena escala para nossas plantas e cultivarmos as partes empáticas de nós mesmos, essas simples práticas diárias podem se transformar em uma grande fonte de energia dentro de nós, uma força que podemos levar para nossas comunidades próximas, nutrindo a todos ao nosso redor.

Minha esperança é que também possamos trazer essa força para toda a nossa sociedade. Há muita divisão e incapacidade de escuta. Tornou-se uma prática comum acusar antes de considerar. Mas talvez a resposta seja ouvir, entender e ter empatia, como ouvimos, entendemos e simpatizamos com nossas plantas. Ao cultivar plantas, semeamos alegria e praticamos a bondade, e tornamos o mundo um lugar mais agradável e saudável. É então que a verdadeira magia de cultivar alegria acontece.

O trabalho começa dentro de você. Alimente e fertilize sua alma com essas práticas e aproveite as mudanças positivas que o cuidado com as plantas gera. Mas não pare por aí! Pegue essa alegria e a espalhe. Use plantas para melhorar não só sua vida, mas a vida daqueles ao seu redor, como tantas pessoas fizeram comigo.

Meu rastro de plantas viajantes e a coleção de mudas presenteadas são mais do que plantas em vasos; são uma série histórica de atos de bondade, pequenas sementes do meu coração plantadas no coração dos outros e suas sementes no meu. Eu sei que a rede de plantas que deixei para trás está gerando alegria para seus novos donos, assim como os presentes que recebi fazem por mim. Devemos cultivar essa alegria e essa conexão dentro de nós mesmos e espalhá-la. Espero que o efeito cascata continue se multiplicando, elevando o nível de bondade, generosidade e positividade em todo o mundo, tornando-o um lugar mais gentil e verde.

E para você, caro amigo-planta: espero que você cultive um relacionamento ao longo da vida com as plantas e que isso o mantenha feliz, curioso, gentil, atento e sempre florescendo e crescendo.

INSTRUÇÕES DE CUIDADOS PARA PLANTAS E AUTOCUIDADO:
Você é basicamente uma planta doméstica com emoções complicadas

CUIDADO PARA PLANTAS	AUTOCUIDADO
Regue quando necessário	Mantenha-se hidratado
Mantenha sua planta em uma mistura de vaso bem arejada e de alta qualidade	Seu ambiente é importante: aproxime-se de pessoas que o inspirem e tenham hábitos alegres e clareza
Verifique se suas plantas têm raízes saudáveis	Mantenha sua cabeça no lugar e fique com os pés no chão
Certifique-se de que sua planta receba luz suficiente	Saia e pratique a positividade
Alimente-a na estação de crescimento	Alimente seu crescimento, mantendo-se curioso como um aprendiz ao longo da vida

Apêndice:
Curso intensivo de assassino de plantas para pessoas-planta

Noções básicas de cuidados com plantas

Agora que você sabe como cultivar seu bem-estar cultivando plantas, vamos nos certificar de que você não mate nada do que levar para casa! Como eu era uma lendária assassina de plantas antes de me tornar uma dama das plantas, vamos começar com todas as coisas que fiz de errado para, então, aprender com meus erros para preparar você e suas plantas para o sucesso. Aqui está uma visão geral dos princípios básicos de cuidados com plantas que podem iniciar sua jornada nesse sentido.

Muito estilo, pouco cuidado: como assassinei todas as minhas plantas

Hora da história: Nos meus tempos como assassina de plantas, eu morava em um apartamento de cinco quartos com seis colegas em Nova York. Eu tinha uma boa sala com grandes janelas. Naquela época, não tinha interesse em cuidar de plantas, mas estava muito concentrada em deixar minha casa bonita. Um dia, em busca de algo verde que durasse mais do que um vaso de flores colhidas, fui ao mercado e comprei as plantas mais bonitas que encontrei. Eu não me incomodei em pedir seus nomes ou instruções de cuidados quando paguei por elas — eu realmente não me importava, pois achava que ficariam bem com um pouco de água. Pendurei uma linda planta com listras roxas e brancas na minha janela e pensei que aquelas belas folhas faziam jus à vista feia e cinza do outro lado da rua. Quando ela começou a ficar triste, usei um borrifador e borrifei o topo das folhas com água, pensando que tudo daria certo.

A pobre planta não teve chance. Dois meses depois eu a jogava no lixo ao som de "Another One Bites the Dust".

Inspirada em tentar um projeto "faça você mesmo" com vários copos de vidro para velas, comprei algumas suculentas fofas no mesmo mercado. Tirei as suculentas dos vasos de berçário e as coloquei diretamente nos copos de vidro. Decidi que as plantas ficariam melhor em uma cômoda antiga que ficava a cerca de três metros da minha janela. "Que bela luz indireta brilhante, hein?" Foi o que eu disse a mim mesma enquanto arrumava as plantas na minha cômoda, depois tirei uma foto do meu novo recanto estiloso e a postei no Instagram com uma legenda que se mostrou vá: "CRESÇA ONDE VOCÊ ESTÁ PLANTADA". Amigo-planta, elas não cresceram onde estavam plantadas. Elas morreram por falta de luz, e suas raízes apodreceram cerca de um mês depois.

Se o termo "furada vegetal" estivesse no dicionário... eu, meu *post* idiota no Instagram e minha terrível configuração de plantas seriam as fotos logo abaixo. Eu fiz literalmente tudo errado.

Depois de assassinar essas plantas, finalmente decidi me rotular como uma assassina de plantas e me comprometi a ter apenas flores colhidas. Levei três anos para reunir coragem e voltar a cultivar plantas em casa. Quando mudei de assassina de plantas para dama das plantas, a diferença foi minha curiosidade. Eu pesquisei, perguntei, li e me capacitei para aprender alguns princípios básicos de cuidados com plantas que serviram bem a mim e à minha coleção ao longo dos anos. Toda vez que penso nessa história de assassinatos vegetais, fico triste em saber que a única barreira entre o sucesso e o desastre com as plantas como acabei de descrever era a compreensão básica desses princípios.

Se eu consegui me livrar do meu jeito assassino com plantas, amigo--planta, então você também consegue. Duvido que faça algo mais embaraçoso para sua coleção de plantas do que o que eu fiz ao longo da minha carreira assassina. Aprenda comigo! Leia a seguir as noções básicas de cuidados com plantas e confira, no final deste livro, outros "Recursos e fontes" de cuidados. Cuidar com sucesso de plantas tem sido realmente o *hobby* mais estimulante e alegre da minha vida, e é fácil pegar o jeito quando você tem um pouco de conhecimento. Espero que esta visão geral dos conceitos de cuidados com as plantas ajude você — e às suas plantas — a continuar florescendo e crescendo.

Vamos começar aprendendo com meus erros. Aqui está o que eu fiz de errado:

- Eu não tinha absolutamente nenhuma compreensão do meu ambiente de luz natural. Meu quarto tinha grandes janelas voltadas para o sul, o que se poderia pensar ser bom para as plantas. No entanto, o quarto era escuro, porque um prédio muito alto do outro lado da rua bloqueava os doces raios de sol que agora sei que as plantas precisam para sobreviver. Em razão disso, meu quarto era na verdade um ambiente com pouca luz, e eu deveria ter escolhido plantas tolerantes a pouca luz.
- Não procurei o nome das plantas e os cuidados necessários. Eu escolhi plantas de luz forte como a erva-aranha (*Tradescantia zebrina*) e várias suculentas que gostam de luz

forte e as coloquei no meu quarto com pouca luz. Se tivesse feito minha pesquisa, eu teria trocado a *T. zebrina*, amante da luz forte, por um filodendro-brasil tolerante a luz fraca (*P. hederaceum*). Então eu poderia fazer furos de drenagem naqueles adoráveis porta-velas de vidro e enchê-los com samambaias ou plantas-de-oração tolerantes a pouca luz.

- Tratei plantas vivas como peças de decoração e priorizei meu desejo de colocá-las em determinados locais em vez de fornecer o ambiente de que precisavam. Eu deveria ter escolhido plantas de pouca luz e colocado todas elas o mais perto possível da janela para uma melhor chance de sobrevivência no meu ambiente sombrio. Mesmo se o sol entrasse direto pelas minhas janelas, seria preciso que as plantas com alta demanda de luz — como uma suculenta — ficassem a menos de 30 centímetros de distância da janela. Veja a seção "Entendendo a luz", a seguir, para saber mais sobre isso.
- Reguei a *T. zebrina* borrifando nas folhas em vez de regar ao nível do solo. Essa falha me deixa com mais vergonha do que qualquer outra. Consulte a seção "Entendendo a água" na página 206 para obter dicas sobre como regar adequadamente.
- Coloquei suculentas em vasos sem furos de drenagem e, essencialmente, as afoguei porque não havia lugar para a água sair depois da rega. Consulte a seção "Entendendo a drenagem" na página 211 para obter mais dicas sobre isso.

Agora que você já sabe de todos os meus erros, vamos detalhar alguns tópicos básicos de cuidados com plantas para você florescer.

Apêndice 201

Entendendo a luz

Entender a iluminação do ambiente é a primeira coisa antes de preparar você e suas plantas para o sucesso. Para mim, a diferença entre acertar e errar nos cuidados com as plantas se resume a ter ou não uma compreensão adequada de como a água e a luz afetam uma planta.

Visão geral sobre a fotossíntese

Não vamos mergulhar fundo no aspecto científico da fotossíntese, porque este não é um livro científico. No entanto, algum conhecimento básico é realmente útil para entender quão importante é a disponibilidade de luz para as plantas prosperarem. As plantas absorvem essencialmente a energia radiante do sol e a convertem em energia química que elas podem "queimar" ou da qual podem se alimentar. Elas começam com água (H^2O), dióxido de carbono (CO^2) e luz solar. Então usam a energia do sol para terminar com oxigênio (O^2), água (H^2O) e um carboidrato ($C^6H^{12}O^6$), que é tão gostoso para as plantas como os carboidratos são para os humanos: batatas fritas, acertei? Um dos meus amigos-planta, o botânico Chris Satch, gosta de dizer: "As plantas comem luz". Eu amo essa frase, porque é basicamente isso: as plantas usam a energia do sol para fazer sua comida. Então, sem luz = sem comida = plantas mortas.

Suas plantas não precisam apenas da presença de luz para sobreviver, elas precisam de uma quantidade considerável de luz para fotossintetizar efetivamente e produzir a comida necessária. Leslie F. Halleck, autora de *Gardening Under Lights* [Jardinagem sob a luz], minha fonte sobre todas as coisas relativas à iluminação vegetal, diz que é útil imaginar as folhas das plantas como painéis solares e o volume de luz como pingos de chuva. O número de "pingos de chuva" — que ela usa como analogia para os fótons de luz — que conseguem "chover" nas folhas de sua planta afeta diretamente a quantidade de alimento que uma planta é capaz de produzir para si mesma. Certificar-se de que suas plantas estejam recebendo luz suficiente garante que elas possam produzir o alimento necessário para prosperar e continuar encantando com novas folhas e flores.

É por isso que o conceito de luz "baixa" ou "média" pode ser difícil para novos papais-planta. Você pode ter sua planta em uma sala com uma janela para o norte e pensar: "Tem luz, a planta ficará bem". Mas se aquela planta estiver longe daquela janela, onde uma pequena quantidade de fótons de luz (ou "pingos de chuva", na analogia de Leslie) atinge as folhas da planta, ela simplesmente não terá energia suficiente para impulsionar a fotossíntese e prosperar. Na minha experiência, as pessoas superestimam a quantidade de luz que têm — pensando que suas plantas estão em uma luz média quando na verdade estão em uma área de pouca ou *muito* pouca luz — com muito mais frequência do que pensam.

Para um mergulho profundo na luz e nas plantas, eu recomendo *Gardening Under Lights*, de Leslie F. Halleck, que foi minha consultora de horticultura para este livro.

Como suas janelas afetam sua luz

Agora entendemos que as plantas precisam de luz para produzir seu alimento e sobreviver. Então, como você sabe quanta luz tem em casa? Não há uma resposta simples, pois a casa e o ambiente interno de cada pessoa são como um pequeno floco de neve: único. Um ótimo primeiro passo para começar a entender seu ambiente de iluminação é descobrir para qual direção suas janelas estão voltadas. No hemisfério Norte, o sol nasce no Leste, se põe no Oeste e traça um arco ligeiramente ao Sul no céu ao longo do dia. Em razão disso, a orientação das janelas afetará a quantidade de luz disponível para suas plantas. À medida que o sol nasce, ele cobre suas plantas com uma bela e suave luz matinal. Em seguida sua luz viaja pelo céu, gerando mais calor e força antes de se pôr no Oeste. Isso significa que a luz ocidental é mais forte que a oriental.

Se não estiverem obstruídas por prédios ou árvores vizinhas, as janelas voltadas para a face sul geralmente têm a luz mais forte, pois aproveitam o movimento da luz solar durante todo o dia, do nascer ao pôr do sol. Se você tem janelas voltadas para a face norte, suas plantas provavelmente não estão recebendo luz direta, e por isso é importante escolher plantas tolerantes a pouca luz.

E o que você entendeu disso tudo?

As dicas acima são bons lembretes, mas podem significar coisas totalmente diferentes em cada ambiente doméstico. Se você se lembra da minha história no início do apêndice, eu tinha um apartamento com enormes janelas voltadas para o sul, mas havia um prédio muito alto em frente a ele. Aquele prédio bloqueava o sol o dia todo, tornando a disponibilidade de luz nas minhas janelas equivalente à de uma exposição à luz do norte.

Torne-se um superdetetive em sua própria casa e observe a luz. Descubra quais tipos de janelas você tem, observe se há algo bloqueando o sol e ajuste. Verifique também as plantas que você tem nas janelas. Há momentos em que uma luz clara brilha diretamente sobre suas folhas? Quando e por quanto tempo esses raios banham suas plantas? Suas respostas a essas perguntas o guiarão para uma melhor compreensão da luz ambiente da sua casa e o ajudarão a escolher as plantas certas para seu espaço. Se tiver dificuldades com esse assunto, experimente o *download* gratuito de *Understanding Natural Light* [Entendendo a luz natural], disponível em https://bloomandgrowradio.com/natural-light.

Alternativas: luz de cultivo

Quando comecei a ter sucesso no cuidado com as plantas, eu morava em um apartamento novo do outro lado da cidade e tive a sorte de ter janelas grandes, desobstruídas e voltadas para a face sul. Mas minhas janelas não cresceram tanto como minha paixão por plantas e minha coleção. Como eu tinha janelas apenas em um lado do apartamento, apesar da minha excelente exposição sul, na verdade eu tinha MUITAS áreas de pouca ou nenhuma luz. Conheça as luzes de cultivo. As luzes de cultivo são uma maneira maravilhosa de aumentar a disponibilidade de luz para suas plantas, seja como um recurso para uma casa com pouca luz, seja como uma maneira de adicionar plantas a áreas com pouca luz. Eu tenho vários requisitos para usar a luz de cultivo no meu espaço:

1. Deve ser uma luz branca de amplo espectro (essa opção é a imitação mais próxima do sol verdadeiro). Não sou uma grande fã das luzes de banda dupla ou de espectro estreito nas cores roxo/azul/laranja, pois são muito difíceis de compor bem com a decoração da minha casa.

2. Deve ter um temporizador. Dependendo de suas plantas e de seus ambientes de iluminação natural, você usará suas luzes de cultivo entre oito e doze horas por dia para um crescimento ideal das plantas domésticas. Você pode ligá-las por mais tempo em áreas escuras ou menos em áreas que já recebem alguma luz indireta. Seja qual for o intervalo que você decidir, adquira um temporizador, e o resultado será tremendo. Você não quer ter de ficar "ligando" e "desligando" interruptores todos os dias, portanto definir o *timer* para ligar e desligar suas luzes de cultivo garante que suas plantas recebam a luz de que precisam e que você não fique estressado com interruptores de luz o dia todo. Muitas luzes de cultivo no mercado agora já vêm com temporizador. Alguns até ligam e desligam com um *dimmer* para imitar o nascer e o pôr do sol! Você vai encontrar minhas luzes de cultivo favoritas na seção de lojas no meu site, listado na seção "Recursos e fontes" deste livro.

3. Deve-se mesclar com meu espaço. As empresas modernas de luzes de cultivo agora tornam extremamente fácil manter o estilo e ainda ter a função. No meu primeiro apartamento eu tinha cinco luzes de cultivo espalhadas pela casa, e os convidados nunca percebiam até que eu as apontasse e me gabasse humildemente delas. Um dos meus projetos de bricolagem favoritos foi instalar uma barra de luz de cultivo na minha estante para transformá-la em uma prateleira de cultivo. O projeto levou menos de uma hora, e consegui criar uma prateleira inteira de plantas. Era incrivelmente funcional e ficou muito bonita. Esse projeto foi tão bem-sucedido que adicionei várias prateleiras de cultivo e adoro ver as #plantshelfies [#prateleirasdeplantas] de ouvintes que replicaram o visual.

Entendendo a água

Acabamos de aprender na seção "Entendendo a luz" que a água é um componente-chave da fotossíntese, mas também ajuda as plantas de outras maneiras importantes. As células vegetais são compostas principalmente de água. A quantidade correta de absorção de água afeta diretamente a rigidez de muitas plantas e sua capacidade de permanecer na posição vertical, além de transportar minerais preciosos por toda a planta para garantir sua sobrevivência. Então, para fazer referência a uma citação que adoro de *Casamento grego*: "O homem [luz] é o chefe [da casa], mas a mulher [água] é o pescoço, e ela pode virar a cabeça da maneira que quiser". Não é uma tradução exaaata, mas você entendeu: fornecer à sua planta a quantidade certa de luz é a melhor coisa que você pode fazer para ajudá-la a prosperar, porém saber como regar corretamente, em combinação com a luz correta, vai deixá-las mais felizes.

Práticas de rega

Eu costumava ser uma verdadeira maluca quando se tratava de regar. Por alguma razão, eu pensava que as plantas só podiam ser regadas à noite. Também passei por uma fase embaraçosa quando achava que regar significava borrifar as folhas com água e evitar completamente as raízes.

Ao pensar em cuidados com as plantas, sempre aconselho as pessoas a pensar primeiro em uma planta em seu ambiente natural e, em seguida, a considerar a melhor forma de replicar isso. Então, quando pensamos em regar plantas, precisamos pensar em chuva.

Rega de cima

A rega de cima simula a chuva natural. É impossível usar nosso regador nos parapeitos e tapetes como a natureza faz, então improvisamos um pouco e regamos no nível do solo. Quando regar de cima, eu gosto de dizer, regue bem, mas não com muita frequência. Dê à sua planta uma quantidade agradável e considerável, para que o solo fique completamente saturado e a água escorra pelo fundo do vaso. Pratique a paciência antes de regar novamente, pois a maioria das plantas domésticas quer que a terra seque antes de receber mais água. Se você não tiver certeza se é hora de regar novamente, espere mais um dia e evite criar uma situação que pode causar o apodrecimento das raízes.

Para regar uma planta de cima: Dê à sua planta um pequeno gole de água primeiro, levando o vaso (certifique-se de que ele tenha orifícios de drenagem) até a pia, e, usando a temperatura ambiente para aquecer a água, regue a planta no nível do solo por um a três segundos. Deixe a terra absorver a água lentamente. Uma vez que a planta tenha obtido seu *"amuse-bouche"* de água, vá em frente e dê a ela um gole maior, até ver a cor da mistura do vaso ir do marrom-claro ao marrom-escuro e a água escorrer do orifício de drenagem. Deixe a água terminar de escorrer do vaso e devolva a planta ao seu lar. Se você estiver regando a planta em seu local normal e não precisar levá-la para a pia, tudo bem — apenas fique atento à água que pingará no pratinho ou no suporte. Você pode deixá-la por uma hora para ver se a planta absorve a água de volta, mas, se houver água parada depois disso, jogue-a na pia ou no vaso de outra planta, para evitar o apodrecimento das raízes.

Rega por baixo

Embora um pouco mais controversa por não replicar uma chuva clássica, a rega por baixo é uma ferramenta maravilhosa que uso no meu kit de ferramentas para papais-planta solucionarem problemas de solo seco compactado. Às vezes, quando você tem um momento de papai-desnaturado, a terra pode secar tão drasticamente que se torna hidrofóbica, o que significa que vai repelir a água. Quando você tenta regar essa planta, a água não será absorvida pelo solo desértico, mas passará pelo espaço entre o solo compactado e o vaso. Quando você não consegue fazer com que o solo absorva água adequadamente, esse recurso é um ótimo "hack" para contornar a seca. Também adoro essa prática quando estou com preguiça e preciso regar um monte de plantas de uma só vez.

Para regar uma planta por baixo: Este método funciona apenas para plantas em vasos com orifícios de drenagem. Coloque o vaso dentro de uma bacia com água até um quarto ou metade da altura do vaso. O solo naturalmente absorverá a água através da ação capilar e ficará saturado. É como mágica, mas não é mágica — é ciência e é superbacana. Você saberá que sua planta terminou de beber quando a cor do solo, geralmente marrom-claro quando seco, muda para aquele tom marrom-escuro familiar e úmido. Observe o nível da água na bacia diminuir lentamente à medida que o solo a absorve. É muito legal de ver e uma ótima maneira de ensinar as crianças sobre a ação capilar!

Uma nota de atenção: você não deve regar suas plantas exclusivamente por baixo. A rega de cima colabora para que as plantas eliminem qualquer excesso de nutrientes (sais) ou produtos químicos da água da torneira e fertilizantes que possam se acumular na mistura dos vasos. Se você regar suas plantas exclusivamente por baixo, a água, os produtos químicos e os nutrientes estarão simplesmente sendo absorvidos e armazenados no solo, e isso pode ser uma má notícia a longo prazo para sua planta. Portanto, mantenha a rega por baixo guardada para quando estiver com preguiça ou lidando com solo compactado, mas certifique-se de dar às suas plantas aquela boa e velha rega de chuva para manter esses acúmulos em movimento.

Frequência de rega

O número de vezes que você rega sua planta por semana depende de muitas coisas: o tipo de planta, o tamanho do vaso, a quantidade de luz que está recebendo, a época do ano e quão seca é a sua casa. Em razão disso, não há realmente uma prescrição geral para a frequência com que você deve regar uma planta. Aconselho procurar por um cartão de cuidados dessa planta — como guia e não como regra, pois o ambiente doméstico de cada um é muito diferente.

Aqui está um exemplo: você e eu conseguimos uma linda dracena (*Dracaena trifasciata*) por um ótimo preço e a levamos para casa. O cartão de cuidados diz "água uma vez a cada duas semanas". Eu coloco a planta no peitoril da minha janela ensolarada e livre voltada para o sul (luz forte), em uma mistura para cactos/suculentas (superaerada). Minha casa tem uma umidade média de 28% (sim, eu acordo ofegante todas as manhãs). Você leva sua planta para casa e a coloca a um metro e meio de sua janela (luz fraca) em uma mistura básica de envasamento (não tão arejada), e sua casa tem uma média de 40% a 45% de umidade (seu sortudo!).

Nossas duas plantas, literalmente da mesma espécie, exigirão diferentes rotinas de rega. Minha planta, com sua maior exposição à luz, mistura de drenagem mais rápida e ar seco, terá um solo que secará mais rápido e exigirá mais rega. Sua planta, em seu ambiente de pouca luz e umidade mais alta, provavelmente precisará de menos rega. Portanto, não leve os requisitos gerais de cuidados à risca e aprenda o que há por trás dos fundamentos dos cuidados com as plantas. Capacite-se para tomar suas próprias decisões por meio de tentativa e erro sobre como ajudar suas estimadas plantas em seu peculiar ambiente doméstico. É uma oportunidade educacional ao longo da vida que manterá sua coleção e seu cérebro florescendo!

Qualidade da água

As plantas bebem água da chuva natural e deliciosa diretamente da natureza. Dependendo de onde você mora, a água da torneira pode estar muito longe de ser pura, às vezes com cloro, flúor e outros produtos químicos que nossas plantas não aceitam. Se você vir manchas brancas nas folhas de suas plantas ou no topo do solo, vale a pena verificar sua água ou regar com osmose reversa, água destilada ou água da chuva (a água da chuva é naturalmente destilada). Muitos papais-planta têm sistemas de captação de água da chuva, que podem ser tão simples quanto um balde externo.

Dicas para não regar suas plantas demais ou de menos

- Regue com profundidade, mas não necessariamente com frequência. Embora eu adore minha rotina centrada nas plantas, não acredito em um cronograma de rega rigoroso. As necessidades de água da sua planta se alteram ao longo das estações e sempre que você se mudar. Dê uma olhada todos os dias para cultivar momentos de tranquilidade e alegria, mas não as regue a menos que o solo indique que elas precisam.
- Levante seus vasos quando fizer a checagem neles. Com o tempo, você aprenderá a sentir quando uma planta está seca e pronta para ser regada novamente. A mistura de vasos seca é consideravelmente mais leve do que quando está úmida.
- Na maioria dos casos, regue menos no inverno.
- Não permita que a água se acumule no pratinho por mais de doze horas.
- Pegue um medidor de umidade e brinque com ele! Fique curioso sobre as diferentes profundidades dos vasos. Você ficará chocado ao ver que, em um vaso de 20 a 25 centímetros, o quarto superior do solo quase sempre parecerá seco, mas ao inserir um medidor de umidade você vai descobrir que os três quartos inferiores do solo (onde fica a maioria das raízes) ainda estão úmidos. Se você não quiser comprar um medidor de umidade, use o dedo. O solo úmido geralmente fica mais frio ao toque e gruda nos dedos.

- Nunca deixe uma planta secar a ponto de o solo começar a se soltar das bordas do vaso. Se você acidentalmente deixar isso acontecer, tente a rega por baixo para reidratar o solo.

Entendendo a drenagem

Como assassinei todas as minhas plantas por não entender a drenagem

Curiosidade: o solo é composto por aproximadamente 25% de ar, 25% de água, 5% de material orgânico e 45% de minerais, dependendo do caso. As raízes das plantas precisam dessa presença de ar *dentro* do solo, além do ar acima da linha do chão. Ao regar demais uma planta, essa água extra essencialmente empurra o ar para fora do solo para abrir espaço e cria um ambiente anaeróbico que praticamente sufoca suas plantas. Caramba.

Em uma história anterior, contei sobre as suculentas que envasei em porta-velas de vidro. Sim, eles pareciam adoráveis e renderam uma ótima foto, mas foi a pior coisa que eu poderia ter feito com aquelas pobres plantas. O problema era que, quando eu as regava, a água não tinha para onde ir. Suas infelizes e doces raízes se afogaram na poça de lama no fundo dos porta-velas, apodreceram e morreram. Uma vez que a planta perde suas raízes, ela não consegue mais absorver a água e os nutrientes de que as folhas precisam, e o resto é história.

A drenagem é um tópico de conversa importante no mundo das plantas. Todo *blog* que você lê diz que é preciso um "solo de drenagem rápida" para plantas de interiores, mas... o que isso significa e por quê? Basicamente, você precisa de uma mistura para vaso que permita que a água escorra através dela (e não encharque nem crie poças), mas que também retenha umidade suficiente para permitir que os pelos radiculares absorvam água para distribuí-la por toda a planta.

Diferentes tipos de plantas domésticas precisam de tipos de solo distintos. Plantas epífitas, como as orquídeas, precisam de uma mistura mais grosseira com certa quantidade de cascas de árvore para melhor se assemelhar às árvores e às rochas em que vivem ao ar livre. Plantas que gostam de umidade, como samambaias, plantas-de-oração e violetas-africanas, se saem melhor com uma mistura que retenha mais água. Plantas domésticas sempre devem ser envasadas com uma mistura muito mais aerada do que a que você usaria em seu jardim. Ao trazer plantas da floricultura para casa, sempre pergunte ao dono da loja ou pesquise no Google quais tipos de solo melhor se adaptam a elas.

Um conselho: nunca, nunca, nunca, em um milhão de anos, envase plantas domésticas no solo cavado de áreas externas. Ele pode conter muita argila pesada, muita matéria orgânica ou outra flora e fauna que podem causar problemas para suas plantas, a você ou à sua casa. Seja para envasar plantas que ficarão dentro ou para preencher seus recipientes de jardim da sua varanda, escolha uma mistura de terra orgânica de alta qualidade de uma empresa na qual você confia.

P.S.: Se você usou terra cavada em seus vasos em casa, eu ainda te amo, você ainda é uma pessoa maravilhosa, e está tudo bem. Tudo é uma oportunidade de aprendizado, e muitas pessoas cometem esse erro. Basta pegar uma mistura de alta qualidade e continuar florescendo nessa sua nova paixão por plantas.

Orifícios de drenagem

Além de envasar suas plantas em uma mistura de alta qualidade e de drenagem rápida, pensar no recipiente em que você as envasará é muito útil. Um orifício de drenagem é o pequeno buraco no fundo de um vaso que permite que a água escorra por ele. Eles serão seus melhores amigos. Usar vasos com furos de drenagem vai prepará-lo para o sucesso. É possível plantar com êxito em vasos sem furos de drenagem, mas isso realmente requer saber a quantidade exata de água de que sua planta precisa e não é aconselhável para iniciantes.

A magia dos cachepôs

A maioria dos vasos mais lindos e elegantes não vem com orifícios de drenagem. Muitas vezes, você poderá sentir que precisa escolher entre estilo e função. Não tenha medo: se houver um lindo recipiente que você precisa ter que não tenha um orifício de drenagem, você pode usar o método "cachepô", que vem do francês "cachepot". "Cache" significa "esconder" em francês, e "pot" significa "pote" ou "recipiente". Então, o termo "cachepô" significa "esconder o vaso".

Para praticar esse método, coloque sua planta em um vaso comum com um orifício de drenagem — eu a mantenho no vaso em que veio ou em um vaso de viveiro de tamanho apropriado — e depois "escondo" o vaso menos atraente dentro de um belo cachepô. Dessa forma, você pode regar a planta corretamente, deixar a água escorrer pelo buraco e drená-la do seu cachepô.

Terra *vs.* mistura para vasos

Na natureza, o solo é um ser vivo que desempenha muitos papéis: um sistema de reciclagem de nutrientes e resíduos orgânicos, suporte e ancoragem para a planta, uma forma de armazenamento de carbono e água, um meio para o crescimento das plantas, um sistema de purificação e de abastecimento de água e um lar para muitos organismos e micróbios que são vitais para a sobrevivência de nossas plantas. Esses organismos arejam o solo à medida que se movem por ele e digerem a matéria orgânica que mais tarde alimentará as plantas. Quem diria que havia tantas coisas acontecendo bem debaixo dos nossos pés?!

As plantas que vivem em nossa casa, crescendo em recipientes que muitas vezes têm um substrato sem vida, não se beneficiam da biodiversidade e dos ciclos naturais de nutrientes que mudam o solo ao ar livre. Seus vasos têm espaço limitado para o crescimento de suas raízes. Eles não hospedam minhocas ou pequenos insetos para cavar, revolver e arejar o solo ao redor das raízes. Eles não têm folhas e árvores caídas que se decompõem e repõem o nitrogênio e outros nutrientes necessários que as plantas precisam para crescer. É aí que entram a aeração e a fertilização do solo.

Aeração do solo

A aeração ajuda a afofar o solo que pode ter sido compactado ao longo do tempo e permite que o oxigênio extra atinja a zona da raiz para simular a maneira como isso aconteceria naturalmente ao ar livre. O que explico a seguir não é algo que costumo fazer com minhas plantas de casa, mas é uma técnica que me ajuda quando: 1) Eu tenho uma planta que está no mesmo vaso há muito tempo, ou 2) Deixei uma planta secar sem regar, de modo que o solo ficou compactado e não pode absorver a água corretamente pelos métodos tradicionais de irrigação.

Para arejar o solo, basta pegar um objeto longo e fino (um graveto é perfeito) e inseri-lo *suavemente* no solo. Tente evitar o bolo de raízes da planta. Ao inserir o pauzinho, empurre-o para ajudar a soltar o solo compactado e arejar as coisas. Na próxima vez que você regar, regue lentamente, dando ao solo recém-arejado a chance de reaprender a absorver o líquido adequadamente.

Fertilização

As plantas precisam de água, luz e dióxido de carbono para fotossintetizar, mas também precisam de outros nutrientes para desenvolver folhas, flores e frutos. Elas absorvem nutrientes no solo sem parar através de suas raízes e os transportam por todo o seu corpo. Isso significa que esses nutrientes precisam ser reabastecidos. Ao ar livre, as plantas estão constantemente morrendo, se decompondo e retornando ao solo na forma desses nutrientes em um ciclo bastante surpreendente. Não temos a mesma sorte com nossos recipientes domésticos. Uma vez que a planta tenha absorvido todos os nutrientes disponíveis no meio de cultivo, cabe a nós reabastecê-los. É aqui que entra o fertilizante como forma de substituir os nutrientes que se esgotaram do solo do vaso.

Os macronutrientes que você precisa conhecer quando se trata de fertilizantes são os três grandes: N (nitrogênio), P (fósforo) e K (potássio).

Você vê esses três gigantes representados na maioria dos fertilizantes que compra, com números como 20-20-20 ou 2-2-2. Esses números refletem a porcentagem de cada nutriente no fertilizante que está sendo vendido. De maneira simples: o nitrogênio é o principal responsável pelo crescimento das folhas, o fósforo ajuda no crescimento das raízes e na floração, e o potássio é um coringa que faz um pouco de tudo. Há muito a dizer quando se trata de fertilizantes, e eu recomendo que você mergulhe profundamente na seção "Recursos e fontes" para cuidados com as plantas no final deste livro. Mas aqui vão algumas diretrizes gerais para fertilizantes e suas plantas:

- Fertilize na "estação de crescimento". Para a maioria das plantas, trata-se da primavera, verão e início do outono.
- Escolha adubo orgânico, se puder.
- As plantas domésticas precisam de um fertilizante menos concentrado, portanto, se você estiver usando um fertilizante genérico para ambientes externos, dilua-o em 50% para suas plantas; ou use um fertilizante específico para plantas de interiores.

As plantas realmente filtram o ar?

A capacidade das plantas de limpar o ar tem sido universalmente celebrada como um motivo comercializável para incorporá-las em nossa casa. Os *blogs* até divulgam listas das "melhores plantas que limpam o ar", e algumas lojas de plantas nos mostram quais delas filtram o ar e quais não. Mas... embora haja uma semente de verdade aí, ela não é exatamente correta quando aplicada aos nossos ambientes internos.

O negócio é o seguinte: nos anos 1980, a Nasa realizou um estudo para ver se as plantas poderiam reduzir e neutralizar a quantidade de compostos orgânicos voláteis (COVs ou VOCs, em inglês) em lugares fechados. O estudo provou que sim, que as plantas têm a capacidade de "limpar o ar" neutralizando *alguns* VOCs. Acontece que os parâmetros desse estudo não se aplicam necessariamente aos nossos ambientes domésticos. O estudo foi realizado em câmaras herméticas. Nós não vivemos em ambientes fechados hermeticamente. Nossas casas têm janelas que permitem a troca passiva de ar com o exterior e sistemas de aquecimento e refrigeração que promovem a circulação do ar. E, infelizmente, as plantas não "limpam" o ar com rapidez suficiente para acompanhar todos esses fatores.

Michael Waring, professor de engenharia da Universidade Drexel, passou anos tentando entender o famoso estudo da Nasa e como ele pode se aplicar às nossas casas.[1] Ele diz que seriam necessários dez pés de plantas domésticas de folhas largas por metro quadrado para obter os mesmos efeitos de limpeza do ar atingidos pelo estudo. Meu apartamento em Nova York tinha 46 metros quadrados, e a quantidade máxima de plantas que já tive foi 160, mas pelos cálculos dele eu precisaria de 5 mil plantas! Portanto, para a maioria de nós, o número de plantas necessário para limpar nosso ar de maneira eficaz é inatingível.

Ainda há muita pesquisa e confirmações necessárias a serem feitas antes que as plantas de interior possam realmente corresponder a todo esse *hype*

Apêndice 217

de limpeza do ar que estão tendo. Você pode conferir alguns estudos interessantes na seção "Notas", para obter mais informações.[23] Aqui está minha opinião sobre todo esse tópico: algumas plantas domésticas em nossas casas filtrarão nosso ar de maneira tão eficaz quanto um purificador de ar? Não. Elas podem ajudar a filtrar um pouquinho? Talvez, dependendo da espécie de planta e do seu ambiente. A presença delas nos lembrará da natureza e nos ajudará a relaxar? Sim. Elas vão fazer nossa casa ficar linda e nos trazer alegria? Sim. Você deve ter plantas em seu espaço, mesmo que toda essa coisa de "ar puro das plantas" seja uma lenda? Absolutamente sim. Cem por cento.

Recursos e fontes para cultivar a curiosidade

Já adulta, depois de terminarmos nossos estudos, é muito fácil deixar de lado a curiosidade e a capacidade de aprender. Estabelecemos nossos caminhos, nossas rotinas, nossos sistemas de crença e passamos o resto de nossa vida cada vez menos abertos a mudanças. O cuidado com as plantas nos ajuda nisso. Essa atividade nos leva adiante, junto com as plantas, em uma cultura de crescimento. Não importa quantos diplomas em botânica e horticultura você tenha, sempre há uma nova planta, uma técnica de cultivo ou uma teoria para aprender. Sempre há algo em sua lista de tarefas para realizar. Sempre há outro passo a dar para aprofundar seu relacionamento com as plantas, a natureza e com você mesmo.

O cuidado com as plantas é um *hobby* para toda a vida com o qual você pode se envolver diariamente. Não se pode abandonar suas plantas por meses a fio como se faria com uma vara de pescar, agulhas de tricô ou uma câmera fotográfica. Quer dizer, você *poderia*, mas perderia muitas delas. Suas plantas se tornam uma parte da sua casa, e, mesmo que você não se envolva com elas diariamente, por estarem em seu espaço elas se tornam parte da sua vida cotidiana. Como as plantas são seres vivos e esperamos tê-las por muitos anos, cultivar a curiosidade sobre as nossas coleções de plantas é vital para continuarmos interessados e engajados. Se você quiser se aprofundar, selecionei uma lista de fontes e recursos que estimularam minha curiosidade

Recursos e fontes para cultivar a curiosidade   219

e me ajudaram a cultivar. Você pode encontrar mais dicas no meu site, bloomandgrowradio.com, que apresenta uma lista em constante atualização de produtos vegetais recomendados, recursos educacionais e dicas.

Continue a aprender, experimentar e perguntar "por quê?". Você tem a vida inteira para curtir esse belo *hobby* — prossiga; continue cultivando.

Recursos para aprimorar seu conhecimento sobre cuidados com plantas

A Family Guide to Terrariums [Um guia familiar para terrários], de Patricia Buzo.

The Apartment Gardener [O jardineiro de apartamento], de Florence e Stanley Dworkin.

The Bloom and Grow Garden Society: é onde plantamos alegria e cultivamos conhecimento diariamente. Se você estiver interessado em continuar sua jornada de paternidade vegetal com palestras educacionais mensais exclusivas com nosso horticultor residente e ter meu apoio diário e de uma comunidade de amigos-planta com ideias semelhantes, junte-se a nós na Bloom and Grow Garden Society. Para saber mais, visite www.jointhegardensociety.com.

Bloom and Grow Radio Podcast desta que vos fala, em transmissão agora no seu tocador de *podcasts* favorito.

Botany for Gardeners [Botânica para jardineiros], de Brian Capon.

Epicgardening.com, por Kevin Espiritu.

Gardening Under Lights [Jardinagem sob as luzes], de Leslie F. Halleck.

Grow in the Dark [Cultive no escuro], de Lisa Eldred Steinkopf.

homesteadbrooklyn.com e o canal do YouTube de Summer Rayne Oakes.

Houseplants for All [Plantas domésticas para todos], de Danae Horst.

Houseplants for Beginners [Plantas domésticas para iniciantes], de Becca de la Paz.

The House Plant Expert [O especialista em plantas domésticas], do dr. D. G. Hessayon.

How to Raise a Plant and Make it Love you Back [Como cuidar de uma planta e fazer com que ela te ame de volta], de Morgan Doane e Erin Harding.

220 Recursos e fontes para cultivar a curiosidade

joegardener.com de Joe Lamp'l.

The New Plant Parent [O novo papai-planta], de Darryl Cheng.

O Jardim Botânico de Nova York, NYBG.org.

Plant Parenting [Paternidade vegetal], de Leslie F. Halleck.

Tiny Plants [Pequenas plantas], de Leslie F. Halleck.

Recursos para explorar a conexão planta/pessoa

American Horticultural Therapy Association [Associação Americana de Terapia Hortícola], www.aha.org

Biophilia [Biofilia], de Edward O. Wilson.

Farming While Black [Cultivo de origem africana], de Leah Penniman.

Forest Bathing [Banho de floresta], do dr. Qing Li.

O site do dr. John la Puma sobre Ecomedicina, https://www.drjohnlapuma.com/ecomedicine/

How to Make a Plant Love You [Como fazer uma planta te amar], de Summer Rayne Oakes.

Lessons from Plants [Lições das Plantas], de Beronda Montgomery.

The Nature Fix [A cura da natureza], de Florence Williams.

The Nature Principle [O princípio da natureza], de Richard Louv.

The Well-Gardened Mind [A mente bem cultivada], da dra. Sue Stuart Smith.

Your Brain on Nature [Seu cérebro na natureza], de M. Selhub e Alan Logan.

Livros e fontes inspiradas em plantas que me trouxeram imensa alegria

Revista *Better Homes and Gardens* [Melhores casas e jardins].

The Book of Delights [O livro das delícias], de Ross Gay.

Recursos e fontes para cultivar a curiosidade 221

Botany at the Bar [Botânica no bar], de Selena Ahmed, Ashley Duval e Rachel Meyer

Catalog of Unabashed Gratitude [Catálogo de gratidão descarada], de Ross Gay.

Happy Houseplants [Plantas domésticas felizes], de Angela Staehling.

Hemleva, por Samantha Leung, https://hemleva.com/

The Hidden Life of Trees [A vida secreta das árvores], de Peter Wohlleben.

jungalow.com, por Justina Blakeney.

The Land Where Lemons Grow [A terra onde crescem os limões], de Helena Attlee.

The Overstory [A história toda], de Richard Powers.

Wild Interiors [Interiores selvagens], de Hilton Carter.

Outras ideias para aprofundar sua paixão por plantas

Faça aulas de horticultura em seu jardim botânico ou faculdade local. Muitas dessas instituições oferecem cursos fantásticos e até certificados e diplomas para ajudá-lo a mergulhar mais fundo em sua paternidade vegetal. Tenho um lugar muito especial no meu coração pelos cursos oferecidos no New York Botanical Garden. Eu nunca tive um professor ruim lá, e os jardins são simplesmente um sonho.

Junte-se a uma sociedade ou um clube de jardinagem local: é uma ótima maneira de fazer amigos-planta locais e aprender.

Participe da minha sociedade de jardinagem virtual, com palestras mensais e suporte diário: www.jointhegardensociety.com.

Conecte-se com centros de jardinagem locais para ver se eles oferecem aulas ou eventos de cuidados com as plantas.

Mergulhe no Plant Tube: o YouTube para pessoas-planta. Eu entrevisto alguns dos meus planttubers favoritos no episódio 93 do *podcast Bloom and Grow Radio*: "The Wild World of PlantTube" ["O mundo selvagem do PlantTube].

Recursos para continuar crescendo ao meu lado

Criei o *podcast **Bloom and Grow Radio*** para ajudar as pessoas a cuidar com sucesso das plantas e cultivar mais alegria na vida delas. Temos episódios sobre todos os aspectos do cuidado e do bem-estar das plantas que você puder imaginar, desde cuidados básicos com suculentas, mergulhos profundos na ciência do solo, até a exploração da conexão planta/pessoa. Visite www.bloomandgrowradio.com/podcast para ver as listas de reprodução selecionadas e dicas.

O **programa Bloom and Grow no YouTube** tem uma grande variedade de vídeos, desde tours em estufas e lojas de plantas até reformas de plantas em casa e cenas dos bastidores da minha coleção pessoal. Vá em www.youtube.com/bloomandgrowradio.

Para minhas recomendações pessoais para luzes de cultivo, plantas, acessórios e muito mais, visite a **Bloom and Grow Shop** no meu site: www.bloomandgrowradio.com/shop.

Se você está curioso sobre sua personalidade de papai-planta que citei no capítulo "Conheça a si mesmo, floresça", faça o **teste gratuito de personalidade com o Plant Parent Personality** em www.bloomandgrowradio.com/personality para obter seus resultados, que vêm com sugestões de plantas, projetos e *podcasts* que se adéquam ao seu estilo de vida.

A **Bloom and Grow Garden Party and Society** é a minha plataforma on-line privada para os membros da nossa comunidade de plantas se conectarem e crescerem juntos. Oferecemos conteúdo educacional exclusivo, grupos regionais para se conectar com outras pessoas próximas a você e muitos tópicos de conversa para nos manter cultivando. Visite jointhegardenparty.com e junte-se a nós!

Agradecimentos

Eu subestimei demais o que seria escrever um livro e precisei de imenso apoio e compreensão da minha incrível rede de familiares, amigos e colegas para publicar esta carta de amor.

Vamos começar com a minha família, na qual me apoiei em cada passo desse processo, e em que tenho me apoiado muito antes de este livro ser lançado.

Para Billy: meu parceiro de vida e meu parceiro das plantas. Comecei esta jornada como sua namorada e publiquei este livro como sua esposa. Foi uma alegria acompanhar nosso relacionamento crescer ao longo destas páginas. Só para constar: minha paixão por plantas não tem nada a ver com o meu amor por você. Obrigada por florescer ao meu lado. Obrigada por todo o seu apoio durante o processo de escrita: as caminhadas e conversas, as edições, os altos e baixos, o "Ei, pare agora o que você está fazendo. Eu tenho uma ideia para o seu livro" e o mais importante: sua paciência e sua compreensão comigo enquanto aprendia a escrever um livro… em tempo real. Obrigada. Nós podemos fazer qualquer coisa.

Para papai: sinto muito por ter dedicado o livro apenas à mamãe. Eu sei que você vai entender. Tudo o que sou hoje, devo às oportunidades incríveis que seu esforço e seu trabalho árduo criaram para nós e ao seu apoio inabalável enquanto sigo meus sonhos, sejam eles quais forem. Obrigada. Eu te amo.

Aos meus irmãos: eu não poderia pedir irmãos ou amigos melhores. Allie, obrigada por sempre me atender, e Johnny, obrigada por ser o melhor profissional de marketing de *podcast* de guerrilha que uma irmã poderia pedir.

Para a minha nova família, os Morrisseys: estou animada e honrada por criar raízes mais profundas com vocês.

À tia Christina: obrigada por suas ilustrações, que me ajudaram a desenvolver minha visão quando eu ainda a estava criando. **Para Corrine**, obrigada por ser minha companheira de escrita.

Aos meus amigos que toleraram que eu abandonasse a face da Terra para descobrir como escrever este livro. Obrigada por sua compreensão, sua graça e seu apoio sem limites.

E agora vamos ao *dream team* de pessoas que deram vida a este livro e fizeram desta semente de uma ideia maior, melhor e mais enraizada do que eu jamais poderia ter imaginado.

Para Gwen, uma ouvinte que virou editora e amiga-planta. Obrigada por plantar a ideia deste livro no meu cérebro e regá-lo comigo. Conseguimos. Em plena pandemia global. Obrigada. Agradecimentos adicionais a toda a equipe da **St. Martin's Essentials**, que acreditou neste livro e fez sua mágica para que ele estivesse nas suas mãos agora.

No minuto em que escrevi a proposta deste livro, eu sabia que queria **Samantha Leung**, a mente por trás da marca Hemleva, para ilustrá-lo. Admiro tudo nessa mulher: sua arte, seu espírito, seu olhar para o design, sua generosidade e seu conhecimento de negócios. Samantha, obrigada por dar vida às minhas palavras da maneira mais inspiradora. Você é demais.

Para **Anthony** e as equipes da CAA e da Reed Smith, obrigada por lidar com os negócios para que eu pudesse cuidar do material vegetal.

Leslie Halleck atuou como editora e consultora de horticultura neste livro. Ela tem muitos títulos impressionantes, como autora, conselheira, horticultora e é a horticultora residente da Bloom and Grow Garden Society. Leslie, minha convidada do *podcast* que virou amiga-planta e amiga de verdade: cara, sou grata pela bela amizade que floresceu dessa paixão compartilhada por plantas e por ajudar as pessoas a cuidar delas. Obrigada

Agradecimentos   225

por nunca me menosprezar pelo que eu não sei e por me ajudar a preencher as lacunas.

Não sei se o **dr. John la Puma** vai gostar, mas ele se tornou meu conselheiro médico não oficial para este livro, pois nos conhecemos depois que o entrevistei na fase de pesquisa e nos conectamos por nossa herança italiana e nossa crença na capacidade de cura das plantas. Obrigada, John, por ir além para me ajudar a entender a conexão planta/pessoa em um nível mais profundo.

Muitas pessoas gentilmente colocaram à minha disposição seu tempo e sua experiência ao longo deste processo de escrita. Obrigada à **dra. Sue Stuart Smith**, à **dra. Caitlin Van Der Weele**, a **Stephanie Luna**, à **dra. Anya Paltseva** e à **dra. Elle Barnes** por me ajudarem com a pesquisa. Obrigada, **Eric, Laura S., Laura H., Whitney, David, Andrew** e **Rachel** por me treinarem no "negócio". Agradecimentos especiais aos meus leitores-beta que deram feedback e apoio quando eu estava perdida no mato. Obrigada a **todos os meus professores** das minhas aulas de horticultura no Jardim Botânico de Nova York e nos programas de extensão da UCLA. Falando em educação, também tenho de agradecer a **todos os convidados do *Bloom and Grow Radio* podcast**, por emprestarem seu tempo e seu conhecimento à nossa comunidade de ouvintes para nos ajudar a florescer.

A **Deniz, Chelsey, Casey** e **Vivian**, obrigada por verem potencial nesta semente de show e em mim.

E, finalmente, à comunidade de amigos-planta que me trouxe até aqui.

Quando lancei o *podcast Bloom and Grow Radio*, eu realmente não tinha certeza se alguém, além da minha mãe, iria ouvir. Nos últimos anos, tive o privilégio de me conectar com milhares de ouvintes em todo o mundo, todos com o mesmo objetivo: cuidar corretamente das plantas e de si mesmos. Quanto mais eu interagia com nossa comunidade de ouvintes, mais percebia que a palavra "alegria" poderia ser substituída pela palavra "planta". Essa comunidade me ajudou a entender que nenhuma das histórias que compartilho neste livro é única, pois estão todos unidos em nossa busca para cultivar a alegria através do cuidado das plantas. Aos ouvintes do BAGR, obrigada por cultivarem ao meu lado e por serem minha eterna inspiração. Como sempre, espero que suas coleções de plantas e todos vocês *continuem florescendo e crescendo.*

Notas

Introdução

1 Wandersee , James H. e Elisabeth E. Schussler. "Preventing Plant Blindness" ["Prevenindo a cegueira vegetal"]. University of California Press, 1º de fevereiro de 1999. https://online.ucpress.edu/abt/article/61/2/82/15933/Preventing-Plant-Blindness.

2. A grande vastidão

1 Klepeis, Neil E., William C. Nelson, Wayne R. Ott, John P. Robinson, Andy M. Tsang e Paul Switzer. *The National Human Activity Pattern Survey* (NHAPS), n.d. https://indoor.lbl.gov/sites/all/files/lbnl-47713.pdf.

2 Califf, Christopher B., Saonee Sarker e Surateek Sarker. "The Bright and Dark Sides of Technostress: A Mixed-Methods Study Involving Healthcare IT" ["Os lados brilhante e obscuro do technostress: um estudo de métodos mistos envolvendo a TI da área de saúde". *MIS Trimestral* 44, n. 2 (2020): 809-56. https://doi.org/10.25300/misq/2020/14818.

3 Zhang, Jia Wei, Paul K. Piff , Ravi Iyer, Spasena Koleva e Dacher Keltner. "An Occasion for Unselfing: Beautiful Nature Leads to Prossociality." ["Uma ocasião para o desapego: a bela natureza leva à pró-socialidade."] *Journal of Environmental Psychology* 37 (2014): 61-72. https://doi.org/10.1016/j.jenvp.2013.11.008.

4 R. S. Ulrich. "View Through a Window May Influence Recovery from Surgery" ["Olhar por uma janela pode influenciar na recuperação de cirurgias."] *Science* (Nova

228 Notas

York, NY). U.S. National Library of Medicine. Acessado em: 18 maio 2021. https://pubmed.ncbi.nlm.nih. gov /6143402/.

5   White, Mathew P., Ian Alcock , Benedict W. Wheeler e Michael H. Depledge. "Would You Be Happier Living in a Greener Urban Area? A Fixed-Effects Analysis of Panel Data" ["Você seria mais feliz morando em uma área urbana mais verde? Uma análise dos efeitos fixos do Painel de Dados."] *Psychological Science* 24, n. 6 (2013): 920-28. https://doi.org/10.1177/0956797612464659.

6   Kardan, Omid, Peter Gozdyra, Bratislav Misic, Faisal Moola, Lyle J. Palmer, Tomáš Paus e Marc G. Berman. "Neighborhood Greenspace and Health in a Large Urban Center." ["Vizinhança, espaço verde e saúde em um grande centro urbano"]. *Scientific Reports* 5, n. 1 (2015). https://doi.org/10.1038/srep11610.

7   Miyazaki, Yoshifumi, Juyoung Lee, Bum-Jin Park, Yuko Tsunetsugu e Keiko Matsunaga. "Preventive Medical Effects of Nature Therapy" ["Efeitos médicos preventivos da terapia da natureza"] [artigo em japonês]. pubmed.gov, 2011. doi: 10.1265/jjh.66.651.

8   Kaplan, S. "The Restorative Benefits of Nature: Toward an Integrative Framework," ["Os benefícios restauradores da natureza: rumo a uma estrutura integrativa"] *Journal of Environmental Psychology* 15 (1995): 169-82.

9   Lee, Kate E., Kathryn J. H. Williams, Leisa D. Sargent, Nicholas S. G. Williams, and Katherine A. Johnson. "40-Second Green Roof Views Sustain Attention: The Role of Micro-Breaks in Attention Restoration." ["Olhar pela janela por 40 segundos sustenta a atenção: o papel das microinterrupções na restauração da atenção"] *Journal of Environmental Psychology* 42 (2015): 182-89. https://doi.org/10.1016/j.jenvp.2015.04.003.

10 "Forest Therapy Society: Forests." ["Sociedade de Terapia Florestal: Florestas"] *Forest Therapy Society | Forests*. Acesso em: 25 jan. 2021. https://fo-society.jp/en/forests.html.

11 Li, Qing. *Forest Bathing: How Trees Can Help You Find Health and Happiness* [Banho de floresta: como as árvores podem ajudá-lo a encontrar a saúde e a felicidade]. Nova York, N.Y.: Viking, 2018. p. 38.

Notas 229

12 California State Parks, State of California. "Audio Tour — Redwood Loop Trail" ["Audio tour: Trilha Redwood Loop"] *CA State Parks*. Acesso em: 18 maio 2021. https://www.parks.ca.gov/?page_id=27184.

13 Taylor, Richard P., and Branka Spehar. "Fractal Fluency: An Intimate Relationship Between the Brain and Processing of Fractal Stimuli." ["Fluência fractal: uma relação íntima entre o cérebro e o processamento de estímulos fractais"] *Springer Series in Computational Neuroscience*, 2016, 485-96. https://link.springer.com/chapter/10.1007%2F978-1-4939-3995-4_30.

14 "The CITES species" ["As Espécies CITES."] CITES. Acesso em: jan. 2021. https://cites.org/eng/disc/species.php.

3. Envolva seus sentidos

1 *Why Smell Is More Important Than You Think* [Por que o cheiro é mais importante do que você imagina] | *Holladay Saltz* | *TEDxRVA. Why Smell Is More Important Than You Think // TEDx-Talks*. TEDxRVA, 2016.

2 Can Plants Talk to Each Other? [As plantas conversam entre si?]. TEDEducation, 2016.

3 Chioca, Lea R., Marcelo M. Ferro, Irinéia P. Baretta, Sara M. Oliveira, Cássia R. Silva, Juliano Ferreira, Estela M. Losso, e Roberto Andreatini. "Anxiolytic-like Effect of Lavender Essential Oil Inhalation in Mice: Participation of Serotonergic but Not GABAA/Benzodiazepine Neurotransmission." ["Efeito similar ao ansiolítico na inalação de óleo essencial de lavanda em camundongos: participação da neurotransmissão serotoninérgica, mas não GABAA / benzodiazepina"] *Journal of Ethnopharmacology* 147, n. 2 (2013): 412-18. https://doi.org/10.1016/j.jep.2013.03.028.

4 López, Víctor, Birgitte Nielsen, Maite Solas, Maria J. Ramírez, and Anna K. Jäger. "Exploring Pharmacological Mechanisms of Lavender (*Lavandula Angustifolia*) Essential Oil on Central Nervous System Targets." ["Explorando os mecanismos farmacológicos da lavanda (Lavandula angustifolia) Óleo essencial em alvos do sistema nervoso central."] *Frontiers in Pharmacology* 8 (2017). https://doi.org/10.3389/fphar.2017.00280.

230 Notas

5   Griefahn, Barbara, Peter Bröde, Anke Marks, e Mathias Basner. "Autonomic Arousals Related to Traffic Noise During Sleep." ["Despertares autônomos relacionados ao ruído do tráfego durante o sono"] *Sleep* 31, n. 4 (2008): 569-77. https://doi.org/10.1093/sleep/31.4.569.

6   "HOME." One Square Inch RSS. https://onesquareinch.org.

7   Hedblom, Marcus, Erik Heyman, Henrik Antonsson, and Bengt Gunnarsson. "Bird Song Diversity Influences Young People's Appreciation of Urban Landscapes." ["A diversidade do canto dos pássaros influencia a apreciação das paisagens urbanas pelos jovens."] *Urban Forestry & Urban Greening* 13, n. 3 (2014): 469-74. https://doi.org/10.1016/j.ufug.2014.04.002.

8   *"Plant Blindness"—Are You Suffering from It?* ["Cegueira vegetal" — Você está sofrendo dessa doença?"] *BBC News, BBC Ideas.* BBC. https://www.bbc.co.uk/ideas/videos/could-you-be-suffering-from-plant-blindness/p08rnbd0.

9   *Monstera sp.* Peru não é o nome da espécie anteriormente identificada, mas um nome comum usado como um substituto até que a planta seja identificada.

7. O poder das flores

1   Haviland-Jones, Jeannette, Holly Hale Rosario, Patricia Wilson, e Terry R. McGuire. "An Environmental Approach to Positive Emotion: Flowers." ["Uma abordagem ambiental à emoção positiva: flores"] *Evolutionary Psychology* 3, n. 1 (2005): 147470490500300. https://doi.org/10.1177/147470490500300109.

2   Stuart-Smith, Sue. *The Well-Gardened Mind: The Restorative Power of Nature.* [A mente bem cuidada: o poder restaurador da natureza.] Nova York: Scribner, 2020. p. 141.

3   *Bloom and Grow Radio Podcast* Episódios mencionados: Episóde 30 ("Orchid 101" ["Frente a frente com: Orquídea"]), Episódio 84 ("African Violets 101" ["Frente a frente com: Violetas-africanas"), e Episódio 106 ("Hoya 101" ["Frente a frente com: Hoya"]).

Notas 231

8. Plantas + A Casa

1 "10 Amazing Things You Never Knew About Singapore." 10 Fun Facts You Never Knew About Singapore—Visit Singapore Official Site. ["10 coisas incríveis que você nunca ouviu falar sobre Cingapura." 10 curiosidades que você nunca ouviu falar sobre Cingapura — visite o site oficial de Cingapura.] Acesso em: 18 maio 2021. https://www.visitsingapore.com/editorials/amazing-things-you-never-knew-about-singapore/.

2 "The Global Impact of Biophilic Design in the Workplace." ["O impacto global do design biofílico no local de trabalho"] Human Spaces Report. Human Spaces, n.d. https://greenplantsforgreenbuildings.org/wp-content/uploads/2015/08/Human-Spaces-Report-Biophilic-Global_Impact_Biophilic_Design.pdf.

3 Lee, Kate E., Kathryn J. H. Williams, Leisa D. Sargent, Nicholas S. G. Williams, and Katherine A. Johnson. "40-Second Green Roof Views Sustain Attention: The Role of Micro-Breaks in Attention Restoration " ["Olhar pela janela por 40 segundos sustenta a atenção: o papel das microinterrupções na restauração da atenção"] *Journal of Environmental Psychology* 42 (2015): 182-89. https://doi.org/10.1016/j.jenvp.2015.04.003.

4 Sop Shin, Won. "The Influence of Forest View Through a Window on Job Satisfaction and Job Stress." ["A influência da visão da floresta através de uma janela na satisfação e no estresse no trabalho."] *Scandinavian Journal of Forest Research* 22, n. 3 (2007): 248-53. https://doi.org/10.1080/02827580701262733.

5 Buzo, Patricia. Family Guide to Terrariums for Kids: Imagination-Inspiring Projects to Grow a World in Glass. [Guia familiar de terrários para crianças: projetos inspiradores de imaginação para crescerem em um mundo em vidro.] Quarto Publishing Group USA, 2020.

6 Kaplan, Stephen. "Meditation, Restoration, and the Management of Mental Fatigue." ["Meditação, restauração e manejo da fadiga mental"] *Environment and Behavior* 33, no. 4 (2001): 480-506. https://doi.org/10.1177/00139160121973106.

Apêndice: curso intensivo de assassino
de plantas para pessoas-planta

1   Cummings, Bryan E., and Michael S. Waring. "Potted Plants Do Not Improve Indoor Air Quality: A Review and Analysis of Reported VOC Removal Efficiencies." ["Plantas em vasos não melhoram a qualidade do ar interno: revisão e análise da eficiência da remoção de COV relatadas."] *Journal of Exposure Science & Environmental Epidemiology* 30, no. 2 (2019): 253-61. https://doi.org/10.1038/s41370-019-0175–9. https://www.nationalgeographic.com/science/2019/11/houseplants-dont-purify-indoor-air/-close.

2   Moya, Tatiana Armijos, Andy van den Dobbelsteen, Marc Ottelé, and Philomena M. Bluyssen. "A Review of Green Systems Within the Indoor Environment." ["Uma revisão dos sistemas verdes nos ambientes internos".] *Indoor and Built Environment* 28, n. 3 (2018): 298-309. https://doi.org/10.1177/1420326x18783042.

3   Brilli, Federico, Silvano Fares, Andrea Ghirardo, Pieter de Visser, Vicent Calatayud, Amalia Muñoz, Isabella Annesi-Maesano, et al. "Plants for Sustainable Improvement of Indoor Air Quality." ["Plantas para melhoria sustentável da qualidade do ar interior"] *Trends in Plant Science* 23, n. 6 (2018): 507-12. https://doi.org/10.1016/j.tplants.2018.03.004.

Índice

abobrinha, 77

afirmações, 90, 91, 92, 94, 95

alegria e gentileza,

alimentos, 77, 107, 159, 187, 194

    cultivando seu próprio,

    horta, 58, 80, 137, 188

    produtos comprados no mercado, 59, 80, 81, 159, 198

    tomates, *veja* tomates, 27, 30, 77, 79, 80, 106, 110, 111, 159, 160

amigos-planta, 157, 176, 178, 179, 180, 183, 187, 201, 219, 221, 225

    diferentes gerações de,

    encontrar, 10, 11, 25, 38, 49, 57, 58, 65, 72, 80, 89, 110, 143, 151, 155, 156, 157, 163, 164, 168, 169, 170, 176, 179, 181, 182, 194, 205, 219, 228

    feiras de trocas de plantas e, 181, 182

ao ar livre, 27, 28, 43, 44, 53, 95, 143, 148, 187, 188, 212, 213, 214

    banho de floresta, 46, 48, 49, 98, 155

    hábitos ecologicamente corretos e, 58

    padrões fractais e, 53

sequoias, 50, 52

    Teoria da Restauração da Atenção e, 45

apical, 100, 101

área de trabalho

    ar, limpeza do, 216, 217

Artist's Way, The (Cameron), 98

árvores, 21, 36, 44, 46, 49, 50, 53, 56, 57, 58, 63, 64, 70, 89, 98, 99, 141, 149, 173, 194, 203, 212, 214, 221, 228

    Banho de Floresta, 46, 48, 220, 228

    sequoia, 50

assassina de plantas, 13, 14, 28, 151, 166, 176, 179, 197, 198

atenção direcionada, 45, 46

atenção involuntária, 45, 46, 53, 141

atenção plena, 39, 74, 143, 153, 160, 175

Atenção, Teoria da Restauração (ART), 45

aterramento, 76

autocuidado, *veja* noções de cuidados com plantas/autocuidado, 18, 19, 32, 98, 155, 196

    cheiro, 30, 49, 64, 65, 68, 69, 106, 179, 229

    sabor, 59, 80, 81, 82, 159

234 Notas

som, 28, 29, 49, 72, 73, 90, 97, 142, 198

toque, 73, 74, 82, 192, 210

visão, 20, 41, 59, 63, 126, 152, 197, 199, 224, 231

auxina, 100, 101, 163

banheiro, 27, 94, 149, 150

banho de floresta, 46, 48, 49, 98, 155

biofilia e design biofílico, 135, 136, 137, 141, 143, 147, 231

bulbos, 133

cachepôs, 213

Cameron, 98

cantando para suas plantas, 96

casa, 9, 13, 20, 23, 33, 43, 44, 46, 48, 57, 59, 60, 61, 66, 68, 70, 72, 74, 75, 78, 79, 80, 82, 87, 89, 95, 101, 104, 107, 109, 112, 113, 120, 131, 132, 133, 135, 136, 137, 141, 142, 144, 145, 146, 151, 154, 155, 156, 157, 158, 163, 166, 168, 169, 170, 171, 172, 175, 179, 181, 186, 189, 190, 191, 192, 197, 198, 203, 204, 205, 206, 208, 209, 212, 213, 214, 216, 217, 218, 222

design biofílico em, 137

recanto restaurador em, 144, 146

Cave mais fundo, 20, 34, 36, 76, 85, 103, 109, 113, 126, 134, 164

cegueira vegetal, 21, 22, 227

cheiro, 30, 49, 64, 65, 68, 69, 106, 179, 229

Cheng, 149, 220

chuva, 64, 65, 201, 202, 206, 207, 208, 209, 210

científicos, 44, 96, 173

colorida, 61

comunidade, 9, 50, 58, 90, 122, 131, 157, 168, 171, 173, 178, 179, 180, 181, 182, 183, 186, 187, 219, 222, 225, 226

feiras de trocas de plantas, 181, 182

jardinagem, 79, 107, 109, 133, 159, 181, 186, 187, 188, 221

jovens e mais velhos na, 186

criatividade, 84, 97, 98, 139, 157

cuidados com plantas, 14, 173, 179, 197, 199, 200, 219

drenagem, 55, 78, 131, 153, 200, 207, 208, 209, 211, 212, 213

fertilizante, 215

luz, *ver* rotina de luz para, 10, 24, 27, 28, 29, 30, 31, 33, 35, 42, 61, 63, 78, 79, 80, 98, 110, 113, 121, 125, 127, 133, 139, 147, 158, 159, 163, 164, 165, 170, 179, 187, 190, 192, 195, 196, 198, 199, 200, 201, 202, 203, 204, 205, 206, 208, 209, 214

regar, *ver* regar 27, 31, 33, 74, 89, 96,

Notas 235

154, 155, 166, 200, 206, 207, 208,
209, 210, 211, 213, 214

solo, *ver* solo 33, 35, 49, 56, 64, 74, 75,
79, 111, 112, 119, 120, 122, 125,
142, 173, 188, 200, 207, 208, 209,
210, 211, 212, 213, 214, 215, 222

cuidados com plantas/autocuidado, 14,
173, 179, 197, 199, 200, 219

rotina para, *ver* rotina, 10, 23, 24, 25,
28, 29, 31, 32, 33, 34, 35, 42, 65,
99, 149, 153, 154, 155, 161, 209,
210, 218

Dama das Plantas Feliz, 77, 89, 96, 180,
192

dentro de casa, tempo gasto, 43

diário, 19, 20, 25, 28, 36, 65, 85, 113, 148,
151, 164, 219, 221

drenagem, 55, 78, 131, 153, 200, 207,
208, 209, 211, 212, 213

drenagem e, 131, 200

Epic Tomatoes (LeHoullier), 124

ervas, jardim de, 77, 78, 81, 82, 137, 186

espécies ameaçadas de extinção, 58

essenciais, óleos, 65, 66, 68

estresse, 32, 36, 44, 48, 64, 65, 66, 103,
137, 151, 154, 161, 162, 163, 169,
190, 231

Everything is Figureoutable (Forleo), 90

fertilizante, 215

fitoncidas, 64

fitormônios, 101

flores, 7, 13, 14, 61, 68, 69, 77, 79, 80,
89, 93, 100, 101, 125, 128, 130, 131,
132, 133, 134, 143, 146, 157, 158,
166, 189, 190, 191, 192, 198, 202,
214, 230

Forleo, Marie, 90

formas das folhas, 42

fotossíntese, 33, 201, 202, 206

fototropismo, 33, 163, 164

fractais, padrões, 53

Freud, Sigmund, 130

Fromm, Erich, 135

Gardening Under Lights, 201, 203, 219
(Halleck), 201, 203, 219, 220, 224

geosmina, 64, 65

gratidão, 25, 36, 37, 103, 148, 221

hábitos ecologicamente corretos, 58

Halleck, Leslie F., 201, 203, 219, 220, 224

Hempton, Gordon, 70, 71

hidropônico, jardim, 79, 155

Homestead Brooklyn, 181

hormônios vegetais, 100, 101, 117, 119,
163

imaginação, 87, 88, 126, 145, 182, 231

236 Notas

jardim, 14, 25, 27, 28, 30, 31, 39, 78, 80, 81, 82, 88, 91, 95, 97, 104, 124, 126, 137, 148, 173, 186, 187, 212, 221

comunidade, 9, 50, 58, 90, 122, 131, 157, 168, 171, 173, 178, 179, 180, 181, 182, 183, 186, 187, 219, 222, 225, 226

ervas, 68, 77, 78, 79, 80, 81, 82, 84, 85, 89, 90, 104, 128, 137, 153, 159, 186

horas matinais, 26

Kaplan, Stephen e Rachel, 45, 144, 228

LeHoullier, Craig, 124

Lessons from Plants [Lições das plantas] (Montgomery), 22, 220

Li, Qing, 48, 64, 220, 228

Louca das Plantas, 89, 169

luz, 10, 24, 27, 28, 29, 30, 31, 33, 35, 42, 61, 63, 78, 79, 80, 98, 110, 113, 121, 125, 127, 133, 139, 147, 158, 159, 163, 164, 165, 170, 179, 187, 190, 192, 195, 196, 198, 199, 200, 201, 202, 203, 204, 205, 206, 208, 209, 214

janelas e, 72, 136

luzes de cultivo, 28, 78, 79, 142, 144, 149, 150, 159, 204, 205, 222

matinal, rotina, *ver* rotina, 25, 26, 28, 29, 32, 99, 153

meditação, 36, 39, 149

mentores de plantas, 14

misturas para vasos, 79, 119

Montgomery, Beronda, 22, 220

morta, planta, 13, 166

natureza, 16, 20, 22, 27, 44, 45, 46, 49, 53, 55, 57, 58, 63, 72, 73, 74, 98, 124, 135, 136, 139, 141, 142, 143, 145, 147, 154, 155, 158, 180, 187, 206, 209, 213, 217, 218, 220, 227, 228, 230

hábitos ecologicamente corretos e, 58

padrões fractais na, 53

ver também ao ar livre

New Plant Parent, The (Cheng),220

nomeando suas plantas, 94

nomes de plantas, 94, 95, 96, 173, 198

número de plantas, 161, 216

Oakes, Summer Rayne, 181, 219, 220

paralelos entre plantas/vida, poda, 100, 101, 102, 173

tomates, 27, 30, 77, 79, 80, 106, 110, 111, 159, 160

transições, 56

pausa vegetal, 95, 170, 171, 172, 173

Notas 237

personalidade dos papais-planta, 151, 160, 222

baixa manutenção, 154, 155, 160

baseado em estética, 22, 144

colecionador curioso, 132, 156

consciente, 16, 153

fazendeiro urbano, 159

mudança de, 74

petricor e geosmina, 64, 65

pimenteira, carta para, 112

planta do mês, 63

plantas em forma de coração, 60

plantas em vasos, 75, 195, 208

plantas perfumadas, 68

poda, 100, 101, 102, 173

poluição sonora, 70

práticas inspiradas em plantas, 88

afirmações, 90, 91, 92, 94, 95

cantando para suas plantas, 96

dama das plantas, 16, 176, 191, 192, 197, 198

ideias para, 97, 221

nomeando suas plantas, 94

nomes de plantas e, 94, 95, 96, 173, 198

sentindo a primavera em seu corpo, 98

pressão dos papais-planta, 168

primavera, 56, 57, 69, 82, 98, 99, 187, 215

propagação de mudas, 122

compartilhando mudas, 122

dicas para enraizar uma planta com água, 117, 120

folhas suculentas, 61, 111, 190, 198, 199, 200, 209, 211, 222

pothos, 14, 60, 117

sementes, 7, 14, 31, 42, 87, 94, 115, 123, 124, 125, 126, 154, 160, 186, 187, 188, 195

quartos, 189, 197, 210

recanto restaurador, 144, 146

recursos, 37, 111, 117, 152, 194, 218, 219

rega, 33, 61, 153, 200, 206, 207, 208, 209, 210, 211

de cima, 206, 207, 208

dicas para não regar demais ou de menos, 206, 207, 208, 211, 213, 214

drenagem e, 131, 200

por baixo, 207, 208, 211

qualidade da água e,

sentindo o solo e, 33, 49

rotina, 10, 23, 24, 25, 28, 29, 31, 32, 33, 34, 35, 42, 65, 99, 149, 153, 154, 155, 161, 209, 210, 218

criando, 125, 153, 224

diária, 20, 34, 42, 43, 56, 144, 153, 159

dona de planta, 29

gratidão na, 25, 36, 37, 103, 148, 221

mantendo uma planta ao lado de sua

    cama, 27

momento meditativo na, 39

olhando para uma planta antes de olhar

    para uma tela, 41

perguntas para se fazer durante sua,

tempo no jardim, 27

sabor, 59, 77, 80, 81, 82, 159

Satch, Chris, 201

Schussler, Elisabeth E., 21, 22, 227

sequoias, 50, 52

silêncio, 39, 41, 52, 56, 57, 59, 65, 70, 72,

    73, 164

silêncio da floresta, 56, 59, 73

sistema nervoso, 37, 70, 229

solar, luz, *ver* luz, 78, 110, 127, 139, 201,

    203

solo, 33, 35, 49, 56, 64, 74, 75, 79, 111,

    112, 119, 120, 122, 125, 142, 173,

    188, 200, 207, 208, 209, 210, 211,

    212, 213, 214, 215, 222

    drenagem e, 55, 78, 131, 153, 200,

        207, 208, 209, 211, 212, 213

    mistura para vasos *vs.*, 213

sons, 49, 59, 72, 73, 136, 142

sons da floresta, 49, 72

Taylor, Richard, 53, 229

telas, celular e computador, 25

telefones e computadores, 32

tomates, 27, 30, 77, 79, 80, 106, 110, 111,

    159, 160

    dicas de cultivo de,

toque, 73, 74, 82, 192, 210

transições, 56

troca de plantas, 122, 175, 180, 181, 182,

    185

viés vegetal, 22

visão, 20, 41, 59, 63, 126, 152, 197, 199,

    224, 231

VOCs (COVs, compostos orgânicos

    voláteis), 216

Wandersee, James H., 21, 22, 227

Waring, Michael, 216, 232

Wilson, E.O., 135, 220

SUA OPINIÃO É MUITO IMPORTANTE

Mande um e-mail para **opiniao@vreditoras.com.br**
com o título deste livro no campo "Assunto".

1ª edição, nov. 2022
FONTE Adobe Garamond Pro Regular 11/16,3pt;
            Adobe Garamond Pro Bold 36/30pt;
            Helvetica Black 16/16,3pt
PAPEL Ivory Cold 65g/m²
IMPRESSÃO Geográfica
LOTE GEO240922